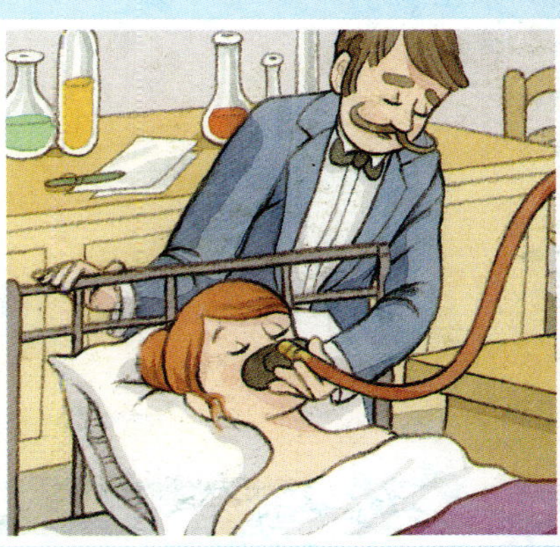

ÍNDICE

Título original: *L'Imagerie des inventions*.

Coordinación de la versión española: Sílvia Sabrià y M. Àngels Riscado.
Distribución: Panini España, S.A.
C/ Vallespí, 20. 17257 Torroella de Montgrí. Girona.
Depósito legal: GI-756-2002
ISBN: 978-2-215-06838-9
4ª reimpresión: junio 2009
www.panini.es / www.paninigroup.com
Impreso en Francia por Jean-Lamour
A Qualibris Company

A Laurine y Luc

M.-L B. y Ph. S.

Diccionario por imágenes de los inventos

Creación y textos:
Émilie Beaumont – Philippe Simon – Marie-Laure Bouet
Ilustraciones:
Colette Hus-David – M.I.A.: Isabella Misso
Isabelle Rognoni – Sophie Beaujard
Traducción:
Addenda
Revisión:
Antonio Motera

LOS MEDIOS DE TRANSPORTE

TRANSPORTAR SIN LA RUEDA

Durante miles de años, los seres humanos sólo disponían de su fuerza o de la de los animales para transportar la carga.

Al volver de cazar, los hombres prehistóricos transportaban la presa sobre los hombros o con la ayuda de un palo.

Más tarde, utilizaron la fuerza de los animales. En algunos países montañosos todavía se utiliza el asno.

Para desplazar los bloques de piedra que servían para construir, estos hombres los hacían deslizar sobre rodillos de madera.

Durante la Antigüedad se inventó el trineo de madera. Gracias a los patines, se deslizaba con mayor facilidad.

LA INVENCIÓN DE LA RUEDA

En cuanto se inventó, la rueda se colocó en los trineos. Este invento cambió el transporte y los desplazamientos.

La primera rueda estaba formada por planchas ensambladas. De esta manera, el carro se desplazaba con mayor facilidad. Más tarde, en China, se inventó una carretilla con una vela para aprovechar la fuerza del viento.

Los egipcios fabricaron ruedas con radios que eran más ligeras. Así, los carros de guerra iban más rápido. Para evitar que la madera se gastase demasiado rápido al girar, se cubrían las ruedas con láminas de cobre.

LOS CABALLOS TIRABAN DE LOS CARROS

El caballo fue el último animal domesticado. Sin embargo, hasta la Edad Media no pudo tirar de cargas pesadas.

Durante mucho tiempo, el caballo tiraba con el cuello. Si la carga era demasiado pesada, corría el peligro de ahogarse. En la Edad Media se descubrió la collera de hombros: el caballo ya no tiraba con el cuello sino con los hombros; le dolía menos y le daba más fuerza.

En el Renacimiento, la gente rica utilizaba bellas carrozas de madera. Las puertas y las ventanas todavía no tenían cristales, y se cerraban con cortinas. Las ruedas de delante eran móviles, es decir, giraban a derecha e izquierda. ¡Así era mucho más fácil tomar las curvas!

Para transportar más viajeros y mercancías, se utilizaban tiros de varios caballos que arrastraban furgones y diligencias. En las postas se sustituían los caballos cansados por otros más frescos.

Este furgón recorría más de treinta kilómetros cada día. Tenía grandes ruedas para no hundirse. El cochero caminaba al lado de los diez o doce caballos que formaban el tiro.

Esta diligencia del siglo XIX disponía de una suspensión con muelles. De esta manera, los pasajeros sentían menos las sacudidas en un camino en mal estado.

En algunas grandes ciudades del siglo XIX, los ómnibus de dos pisos transportaban a unos cuarenta pasajeros. Se instalaba una escalera para acceder al piso superior.

LAS LOCOMOTORAS

Para desplazar con mayor facilidad las pesadas cargas, se inventaron carros que se desplazaban sobre raíles tirados por hombres y caballos.

Los primeros raíles de madera y de acero se utilizaron en las minas, ya que facilitaban el desplazamiento de las vagonetas.

La primera locomotora de vapor data de 1804. La caldera de carbón producía vapor y empujaba un pistón, que movía las ruedas. El carbón y el agua necesarios se transportaban en un vagón. Alcanzaba los 8 km/h.

Los primeros vagones no tenían techo. Más tarde, las locomotoras se hicieron cada vez más potentes y rápidas: entonces aparecieron los primeros trenes de pasajeros con sus vagones de madera.

En estos primeros vagones de los trenes de pasajeros, se cerraban las puertas con llave para que nadie se cayese.

En todos los países se construyeron vías férreas para que los trenes pudiesen circular por todas partes.

En la locomotora, el fogonero cargaba el carbón en la caldera para hacer avanzar la máquina mientras que el maquinista conducía. Unas gafas gruesas les protegían del viento y de los trocitos de carbón que se escapaban de la chimenea.

Con el vapor y los raíles, los hombres inventaron numerosas máquinas para transportar pasajeros y mercancías. A principios del siglo XX, las locomotoras llegaban a los 120 km/h.

Se inventaron los monorraíles. Funcionaban con vapor y circulaban sobre un único raíl. Pasaban por encima de las carreteras y cruzaban las ciudades. Algunos de estos monorraíles existen todavía hoy.

La Big Boy fue la mayor locomotora de vapor jamás construida. Podía tirar hasta de 120 vagones de mercancías.

Al cabo del tiempo, los motores eléctricos, y luego los motores diésel, reemplazaron a los de vapor. En los últimos años han aparecido los trenes de alta velocidad (AVE) para ir cada vez más rápido con total seguridad.

Esta primera gran locomotora eléctrica de 1920 se llamaba "cocodrilo" (1).
Hoy en día, las locomotoras de diésel funcionan con gasóleo (2).
Las recientes locomotoras eléctricas tiran de trenes muy pesados y muy largos.

El AVE circula por vías especiales reservadas para él.
Puede transportar pasajeros sin peligro alguno a más de 300 km/h.

LOS AUTOMÓVILES

En 1770, el francés Joseph Cugnot construyó el primer automóvil. Su invento, la narria, se movía gracias a un motor de vapor.

Para que la narria arrancase, había que encender el fuego bajo la gran caldera de cobre. El agua se transformaba en vapor que accionaba el motor y movía la rueda delantera. Alcanzaba la velocidad de una persona andando pero, durante la primera prueba, no frenó y... ¡chocó contra un muro!

La primera diligencia de vapor fue construida por un inglés y transportó nueve pasajeros a 13 km/h.

En 1887, unos franceses presentaron un curioso triciclo de vapor capaz de alcanzar los 60 km/h.

Gracias a la invención del motor de gasolina, más ligero y más potente que el motor de vapor, los alemanes Benz y Daimler construyeron casi al mismo tiempo los primeros automóviles modernos.

El triciclo de gasolina creado por Benz transportaba dos personas a 13 km/h. Los pasajeros se echaban una manta sobre las piernas para protegerse del frío.

En 1886, este modelo de Daimler circulaba a 18 km/h. Se guiaba con una especie de manillar con cuatro extremos.

En 1899, este coche eléctrico llamado "El Nunca Contento" fue el primero en sobrepasar la velocidad de 100 km/h.

MILLONES DE COCHES

Los primeros automóviles con motor se parecían mucho a los coches de caballos. Sin embargo, su forma cambió rápidamente.

A partir de 1895, las ruedas de este coche de carreras se equiparon con neumáticos inflados con aire.

Los automóviles como este Rolls Royce cada vez más corrían hasta los 80 km/h. Había que protegerse los ojos.

En 1908, el Ford T fue el primer coche fabricado en grandes cantidades en cadena. Millones de estadounidenses lo compraron.

Ya no era necesaria la manivela para arrancar este automóvil gracias a la invención del arranque eléctrico.

Más tarde aparecieron las carrocerías cerradas. Así, se podía viajar protegido del viento y de la lluvia. En invierno, en este Tracción delantera, ¡se podía incluso poner la calefacción!

El confort y la seguridad mejoraron con los nuevos inventos (intermitentes, calefacción, anticongelante...). Los constructores fabricaron motores cada vez menos contaminantes.

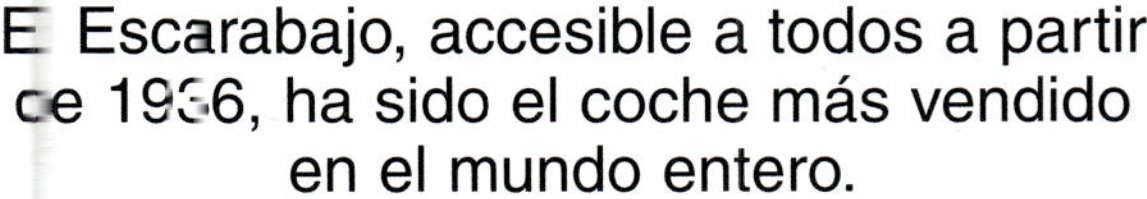

El Escarabajo, accesible a todos a partir de 1936, ha sido el coche más vendido en el mundo entero.

A partir de 1948, el 2 caballos tuvo también un gran éxito. Era uno de los coches más baratos del mercado.

Para cortar mejor el aire e ir más deprisa, se inventaron nuevas formas, como la de este DS 19. Este coche, que apareció en 1955, fue también uno de los más cómodos de su época gracias a su sistema de suspensión.

Para que toda la familia pudiera viajar sin estar demasiado estrechos, a finales del siglo XX se inventaron los monovolúmenes.

Asimismo, han aparecido coches cada vez más pequeños para poder aparcar con facilidad en la ciudad.

LA BICICLETA

La bicicleta no siempre ha tenido dos pedales, una cadena y un manillar. Al principio, las ruedas eran de madera y no tenían neumáticos.

En el Renacimiento, el pintor e inventor Leonardo da Vinci ideó una bicicleta, pero no llegó a fabricarla.

La draisiana apareció en 1817. Se aprendía a montar en ella con un monitor.

La draisiana fue uno de los primeros modelos. Tenía un manillar que hacía girar la rueda, pero no llevaba pedales.

Más tarde, dos pedales instalados en la rueda delantera de una draisiana: crearon el velocípedo.

Hacia 1870, se inventó el biciclo.

Un poco más tarde, la gran rueda delantera del biciclo permitió ir más rápido, ¡pero era muy difícil mantener el equilibrio!

La primera verdadera bicicleta apareció en 1885 en Inglaterra. Tenía dos pedales y una cadena. Cuando se pedaleaba, la cadena hacía mover la rueda de atrás que avanzaba. Más tarde se inventaron las marchas.

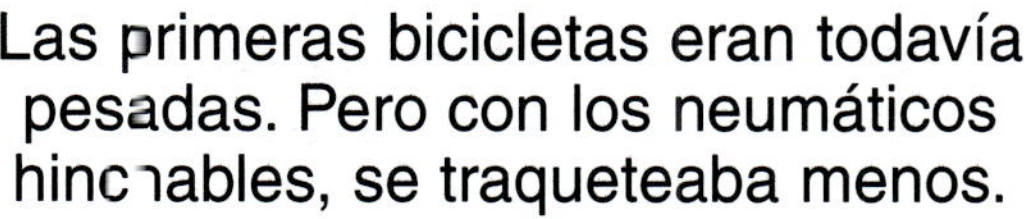

Las primeras bicicletas eran todavía pesadas. Pero con los neumáticos hinchables, se traqueteaba menos.

Las primeras bicicletas de carreras no llevaban marchas. Hacía falta mucha fuerza para pedalear en las subidas.

Luego, se incluyó un cambio de marchas. En la década de 1980, la bicicleta todo terreno permite ir por todos sitios.

Las bicicletas de carreras profesionales actuales son ultraligeras y permiten batir récords de velocidad.

LAS CARRETERAS Y LOS PUENTES

Para que las mercancías circulasen más fácilmente por todo el imperio, los romanos construyeron miles de kilómetros de carreteras.

Los esclavos y los soldados eran los que construían las carreteras. Cavaban zanjas que luego cubrían de arena y de grava. Lo apisonaban todo y colocaban encima grandes piedras talladas. Cada mil pasos un hito indicaba la distancia recorrida.

Para cruzar los ríos, hubo que construir puentes. Además, cuando aparecieron los automóviles, se alisaron las carreteras para poder ir más rápido y con mayor comodidad.

Los primeros puentes eran de madera, luego de cuerda y, más tarde, se construyeron puentes de piedra que eran más sólidos.

En el siglo XIX se utilizaba mucho el hierro en la industria. Así se construyeron puentes de hierro.

En el siglo XX, los progresos técnicos permitieron construir puentes de hormigón de varios kilómetros de longitud.

Para evitar los accidentes, en 1934 se creó el código de circulación. Todos los conductores deben respetarlo.

Con la aparición de los coches, se inventó también la apisonadora, que aplasta las piedras y la grava para que la carretera tarde más en estropearse.

Más tarde, las carreteras empezaron a asfaltarse. El alquitrán, obtenido a base de petróleo, se calienta y luego se extiende. Así se consigue una carretera muy lisa.

LOS PRIMEROS BARCOS DE REMOS Y DE VELA

Los primeros barcos se remontan a la prehistoria. Según las regiones se construían con madera, pieles, huesos o juncos.

Los egipcios trenzan los tallos de los papiros.

Si se ahueca un tronco, se puede fabricar una buena piragua.

El armazón de una piragua puede ser de madera o de hueso de ballena.

Las piraguas de la prehistoria se fabricaban ahuecando troncos de árboles o cosiendo pieles sobre un armazón. En algunos países, como Egipto por ejemplo, las barcas se construían con juncos.

Los barcos de madera de los egipcios fueron los primeros en tener un mástil y una vela cuadrada de tela. Cuando no había viento, o éste soplaba en sentido contrario, se plegaba la vela y los marineros tenían que remar.

Durante la Antigüedad, sólidos barcos de madera surcaban el mar Mediterráneo. Hasta la invención del timón, se dirigía el barco mediante una especie de gran remo situado en su parte posterior.

Las galeras griegas y romanas avanzaban gracias a velas y también a la fuerza de numerosos esclavos que remaban al mismo ritmo.

En la Edad Media, los vikingos fueron los primeros en cruzar el Atlántico gracias a unos barcos muy resistentes: los drakkars.

Gracias al timón, una gran pieza de madera fijada en la parte posterior del barco, los chinos dirigían con mayor facilidad sus juncos.

Durante el Renacimiento, el explorador Cristóbal Colón y su tripulación cruzaron el Atlántico a bordo de carabelas y consiguieron llegar a América tras 40 días de navegación.

LOS BARCOS DE VAPOR

Dos grandes invenciones transformaron la navegación: las máquinas de vapor y los cascos de hierro, más sólidos que los de madera.

Con el vapor, ya no se necesita el viento para avanzar. La caldera de carbón produce el vapor que hace girar las dos ruedas fijadas a cada lado del barco. En 1838, el barco aquí ilustrado fue el primero en cruzar el Atlántico gracias únicamente al vapor.

La hélice se inventó en 1804, pero no se utilizó enseguida.

En 1860, el primer barco con casco de hierro, más sólido que el de madera, estaba propulsado por una hélice que empujaba el agua y conseguía así hacerlo avanzar.

A partir de 1920, se reemplazaron las máquinas de vapor por motores diésel. Los barcos iban más deprisa. Se construyeron nuevos tipos de barcos en función de la actividad a la que estuviesen destinados.

Las gabarras son barcos con el fondo plano que transportan mercancías por los ríos. Antes de la invención del motor, iban tiradas por caballos.

Se han creado inmensos petroleros para transportar toneladas de petróleo. La tripulación pasa varios meses a bordo.

Se han construido gigantescos transatlánticos para llevar de crucero a pasajeros ricos por los mares de todo el mundo.

Este ferry avanza sobre un neumático de aire.

Los ferrys son barcos rápidos que transportan viajeros en distancias cortas.

ORIENTARSE EN EL MAR

Para orientarse, los primeros marinos observaban la naturaleza. Como no tenían instrumentos, no se separaban de las costas.

Hasta la Edad Media, los marineros se orientaban siguiendo las estrellas: la estrella polar les indicaba el Norte.

Para advertir a los marinos que llegaban a una ciudad, se construyeron faros a la entrada de los puertos.

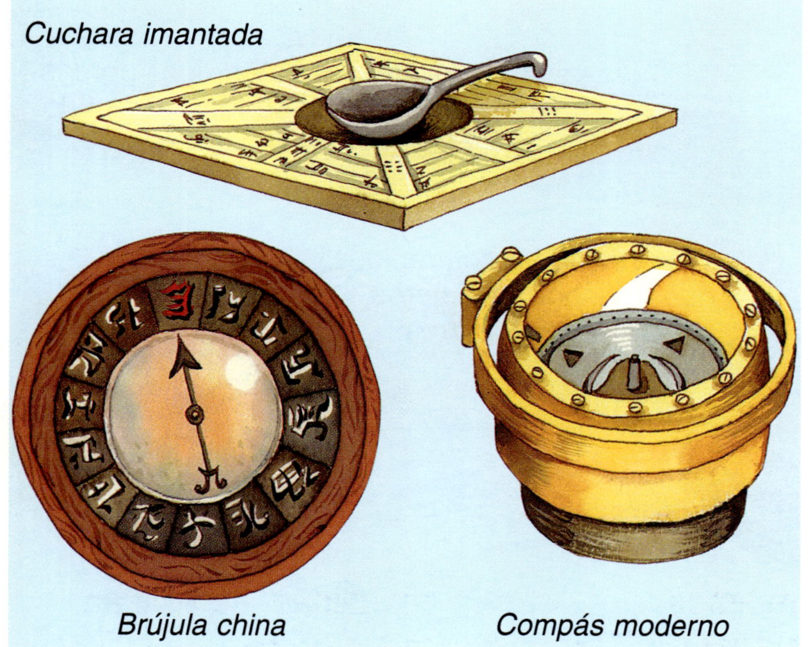

Cuchara imantada

Brújula china

Compás moderno

La cuchara china, fabricada en un metal imantado, indica el Norte. En la Edad Media, los chinos inventaron la brújula, que reemplazó a la cuchara. Tanto de día como de noche, e incluso con niebla, los marineros podían saber dónde estaba el Norte. El compás moderno funciona como una brújula.

En el Renacimiento, los nuevos instrumentos de navegación permitieron a los marineros emprender grandes viajes alrededor del mundo. Volvieron con indicaciones que les sirvieron para crear mapas más precisos.

Con el astrolabio (1), la ballestilla (2) y el sextante (3), los marinos podían calcular el lugar preciso en el que se encontraban en el mar.

Tras los nuevos descubrimientos, se elaboraban nuevos mapas.

En la actualidad, se utilizan radares, ordenadores y satélites.

LOS SUBMARINOS

Durante siglos, los hombres soñaban con desplazarse bajo el agua. En 1776, un estadounidense imaginó un submarino de madera: el *Tortuga*.

El *Tortuga* se desplazaba gracias a una hélice accionada por el pasajero. La parte que sobresalía del agua permitía respirar.

En 1888, el submarino *Gymnote* poseía una hélice y dos motores para navegar por debajo del agua y por la superficie.

En 1955, el *Nautilus* fue el primer submarino de propulsión nuclear; podía permanecer varios días debajo del agua.

En 1960, el *Trieste* batió un récord de inmersión: descendió a 10.916 m y permitió explorar los grandes fondos.

Para desplazarse y respirar bajo el agua, el ser humano inventó la escafandra, un equipo unido al aire de la superficie por un tubo. Hoy en día, las escafandras tienen botellas y pueden descender hasta 500 m.

En 1690, el aire contenido en toneles permitía respirar durante una hora en esta campana de madera.

En el siglo XIX, un largo tubo unía al buzo con una bomba de aire. Las escafandras actuales son más autónomas.

Hoy, submarinos muy perfeccionados descienden a grandes profundidades. Pueden filmar los restos de naufragios, como el del *Titanic* que se hundió en 1912. Los ingenios modernos pueden registrar el fondo marino con sus brazos articulados.

ELEVARSE POR LOS AIRES

Durante mucho tiempo, el ser humano ha intentado volar. Según la leyenda griega, Ícaro consiguió confeccionar unas alas con plumas.

El héroe griego Ícaro se acercó al Sol volando. Desgraciadamente, el calor fundió la cera que fijaba las plumas y se cayó al mar. En la Edad Media, Marco Polo, un gran aventurero, explicaba que había visto chinos volando agarrándose a cometas.

En el Renacimiento, el pintor e inventor Leonardo da Vinci estudió con detalle el vuelo de las aves. Imaginó esta máquina para volar. El piloto podría accionar las alas gracias a cuerdas y poleas. Sin embargo, esta máquina nunca se construyó, no fue más que un sueño.

LOS VUELOS EN GLOBO

Los hermanos De Montgolfier inventaron el primer globo de aire caliente, el montgolfier. Un marqués y un químico efectuaron el primer vuelo.

El primer montgolfier en 1783.

Los dirigibles (ilustración inferior) se inflan con un gas más ligero que el aire, lo que hace que se eleven. A continuación, una hélice los propulsa y se pueden dirigir gracias a un timón.

Al calentar el aire contenido en el interior, el montgolfier (fabricado con telas y papel) se elevaba. Más tarde, aparecieron también los dirigibles.

LOS AVIONES

En 1890, el avión de Clément Ader se elevó 20 cm por encima del suelo. Los primeros aviones eran de madera con alas de tela tensada.

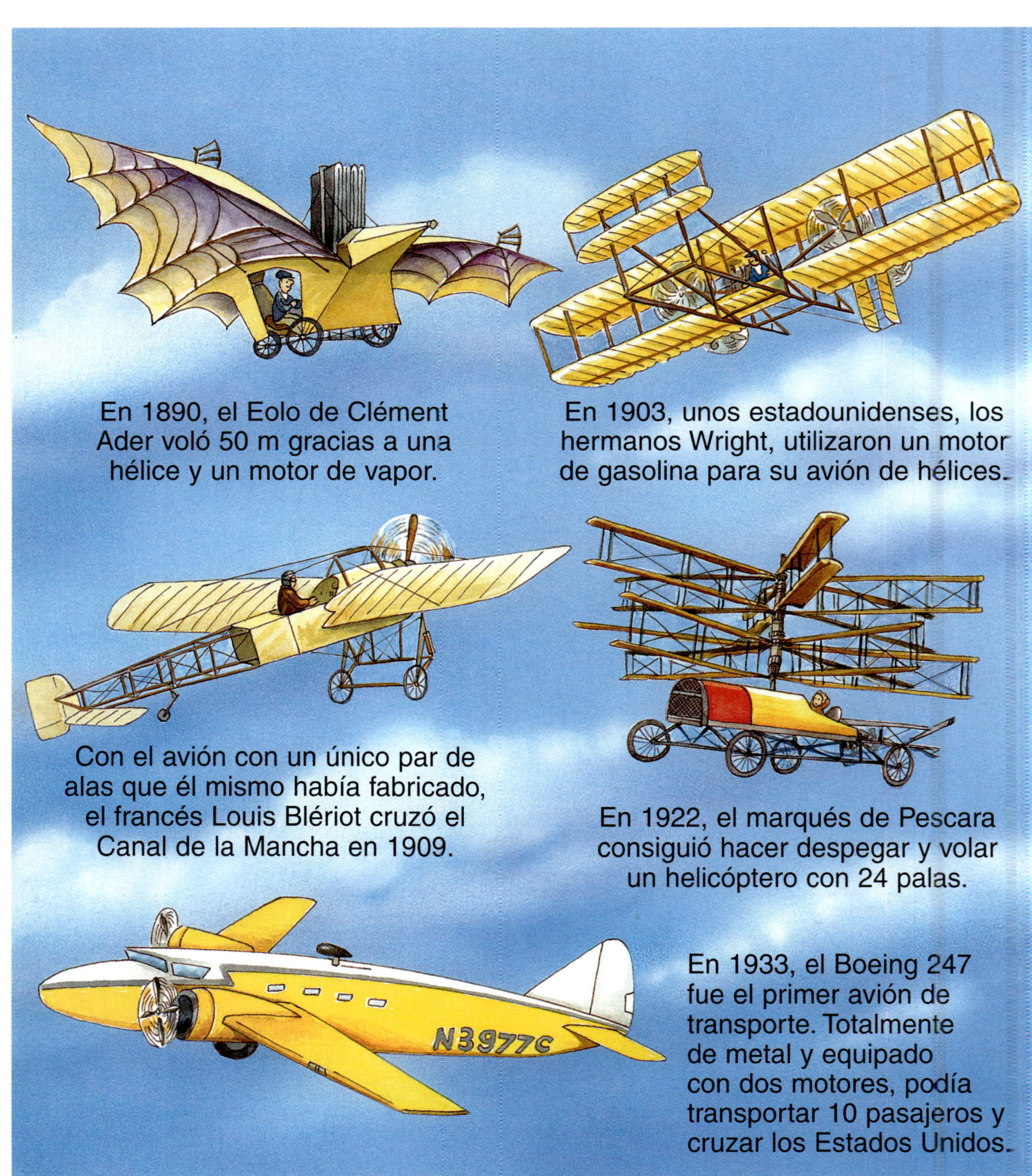

En 1890, el Eolo de Clément Ader voló 50 m gracias a una hélice y un motor de vapor.

En 1903, unos estadounidenses, los hermanos Wright, utilizaron un motor de gasolina para su avión de hélices.

Con el avión con un único par de alas que él mismo había fabricado, el francés Louis Blériot cruzó el Canal de la Mancha en 1909.

En 1922, el marqués de Pescara consiguió hacer despegar y volar un helicóptero con 24 palas.

En 1933, el Boeing 247 fue el primer avión de transporte. Totalmente de metal y equipado con dos motores, podía transportar 10 pasajeros y cruzar los Estados Unidos.

Durante el siglo xx, los aviones se perfeccionaron y se construyeron totalmente de metal. Además, los reactores reemplazaron a las hélices, lo que permitió que estas máquinas volasen más deprisa y más lejos.

En 1939, los alemanes hicieron volar el primer avión a reacción (propulsado por un reactor).

En 1939, el ingeniero ruso Sikorsky perfeccionó un helicóptero con una hélice detrás. El aparato era más estable y más manejable.

En 1952, el Comet fue el primer avión a reacción que transportó pasajeros entre Europa y América.

A partir de 1969, el Concorde y sus 100 pasajeros vuelan de París a Nueva York en 3 horas a 2.200 km/h.

Hoy en día, los aviones son cada vez más grandes. Dentro de poco, el Airbus A380 podrá transportar 800 pasajeros que encontrarán a bordo tiendas, salas de deporte, etc.

LOS COHETES

Los cohetes se conocen desde hace mucho tiempo en China, pero antes del siglo XX no eran tan potentes como para llegar al espacio.

Propulsados por pólvora de cañón, los cohetes de los fuegos artificiales chinos se elevaban a algunos metros de altura.

En 1926, al quemar una mezcla de gases, un estadounidense consiguió que un cohete subiese a más de 2.000 m.

Fue durante la Segunda Guerra Mundial cuando se perfeccionaron unos cohetes que eran verdaderas bombas volantes.

En 1969, el cohete Saturno 5 llevó hombres al espacio. Las dos primeras fases eran depósitos.

LOS SATÉLITES

En 1957, un cohete ruso envió el primer satélite al espacio. Al girar alrededor de la Tierra, los satélites permitieron mejorar las comunicaciones.

Los primeros seres vivos que fueron al espacio lo hicieron a bordo de satélites: primero fue una perrita, y más tarde un cosmonauta ruso.

Los satélites ayudan a prever el tiempo, a transmitir las emisiones de televisión y facilitan las comunicaciones (teléfono, radio, etc.).

UN AVIÓN PARA IR AL ESPACIO

En 1969, el cohete estadounidense Saturno 5 envió hombres a la Luna. Once años más tarde, se construyó el transbordador espacial.

21 de julio de 1969: los primeros hombres ponen el pie en la Luna. El mundo entero sigue esta extraordinaria aventura.

Un poco más tarde, se inventa un *jeep* lunar que se conducirá por la Luna durante una misión estadounidense.

El transbordador espacial despega gracias a dos enormes cohetes. En el vuelo, los cohetes se desprenden. Durante su misión, los astronautas pueden salir a reparar los satélites. Hoy en día, se construyen estaciones de trabajo en el espacio.

LA COMUNICACIÓN

LA ESCRITURA

Para conservar las huellas de sus conocimientos y realizar cuentas, los seres humanos de la Antigüedad inventaron la escritura.

Gracias a una caña tallada, los mesopotámicos grababan tablas de barro húmedo. Al principio, las palabras se representaban con dibujos, pero como las líneas curvas no eran fáciles de grabar, poco a poco los dibujos se transformaron en signos.

En el antiguo Egipto, algunos egipcios –los escribas– escribían mediante signos: los jeroglíficos.

Una leyenda cuenta que los chinos inventaron los caracteres de su escritura imitando las huellas de los pájaros.

Fueron los fenicios, un antiguo pueblo de la cuenca del Mediterráneo, los que inventaron el alfabeto. Con el paso del tiempo y según los países, las letras se fueron transformando.

El primer alfabeto tenía 22 letras que representaban cada una un sonido. El alfabeto que utilizamos para escribir el español tiene 27 letras. Nos viene del alfabeto romano. Los árabes, los rusos o los tailandeses tienen otros alfabetos.

Para leer, las personas ciegas utilizan el alfabeto braille. Cada letra está representada por puntos en relieve que se tocan con el dedo para poder descifrar el texto. Fue Louis Braille, también ciego, quien inventó este alfabeto.

DEL PAPIRO AL PAPEL

En cuanto inventaron la escritura, los hombres de la Antigüedad utilizaron todo tipo de soportes para escribir.

Los egipcios fabricaban una especie de papel con papiro. El tallo de esta planta se cortaba en láminas finas que se dejaban en remojo. Dichas láminas se podían trenzar o unir y clavar. Cuando el papiro estaba seco, se podía escribir.

Los chinos escribían primero sobre trozos de seda pero, hará unos 2.000 años, un emperador chino pidió a su intendente que inventase una materia más barata. Entonces, éste metió en remojo corteza de morera, de bambú y trapos viejos (1). Al triturarlo todo, obtuvo una pasta (2) que extendió sobre un tamiz (3). Prensó esta pasta muy fina (4) y la puso a secar. Así nació el papel.

En Roma se inventó el pergamino fabricado con piel de cabra, de oveja o de ternero. Menos frágil y más fácil de transportar que el papiro, el pergamino se utilizó hasta la Edad Media.

Para fabricar el pergamino, hay que lavar la piel y dejarla varios días en remojo metida en cal. Luego se rasca para quitar los pelos y los trozos de piel. A continuación se deja secar antes de rasparla para hacerla más flexible. Tras estas etapas, se puede escribir encima.

Esta máquina fabrica unas hojas de papel muy largas que se enrollan en una bobina.

En nuestros días, ya no se utilizan más que fibras de madera finamente trituradas. A partir de estas fibras, se fabrica una pasta de papel que unas máquinas enormes calientan, extienden y secan. El papel se almacena en bobinas muy grandes.

DE LA CAÑA AL ORDENADOR

Para escribir sobre barro, cera, papiro o papel, desde la Antigüedad se inventaron los primeros lápices.

Los egipcios escribían con cañas talladas que mojaban en una especie de tinta (carbón en polvo con agua).

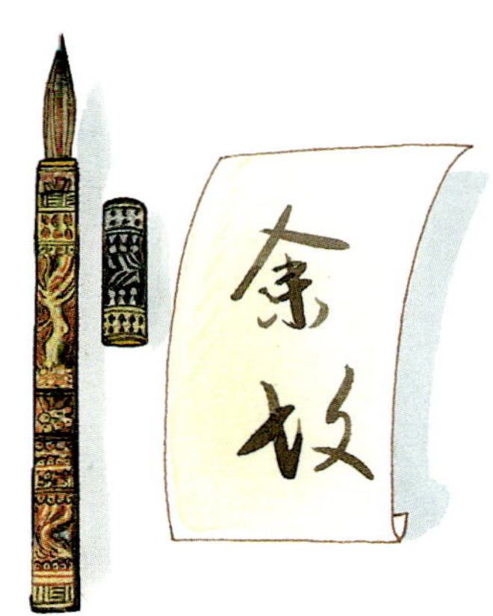

Para dibujar sus signos, los chinos fabricaron pinceles de pelo de lobo o de cabra.

En la Edad Media, se escribía en los pergaminos con plumas de oca. También se grababan placas de cera.

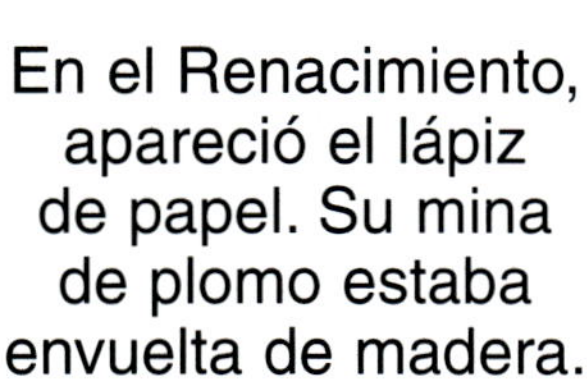

En el Renacimiento, apareció el lápiz de papel. Su mina de plomo estaba envuelta de madera.

Las primeras plumas de acero, que se montan en un portaplumas, se fabricaron en el siglo XIX. Como con la pluma de oca, había que mojar a menudo la punta de la pluma de acero en el tintero. ¡No era sencillo escribir y era fácil hacer borrones! El papel secante era muy útil para absorber estas manchas.

En el siglo XIX, para escribir más rápido y de forma más legible, se inventó la máquina de escribir. Para tomar notas se seguían utilizando las plumas estilográficas que se podían llevar a todos sitios consigo.

Para cambiar de caracteres, no había más que cambiar la bola.

Poco a poco, las máquinas se perfeccionaron: se convirtieron en eléctricas y se podía variar la forma de la letra (tipo). Pero si nos equivocábamos, había que repetirlo todo.

Las primeras máquinas de escribir eran mecánicas. Había que teclear fuerte. Los auxiliares administrativos debían aprender a mecanografiar sin mirar el teclado y usando todos los dedos.

El bolígrafo se inventó en 1938. Al girar, la esfera de la punta deja la tinta sobre el papel.

Cuando se inventaron los ordenadores personales, reemplazaron rápidamente a las máquinas de escribir. Con un ordenador, todos los textos mecanografiados pueden guardarse en la memoria, corregirse en cualquier momento en la pantalla y se pueden imprimir varios ejemplares en una impresora.

LIBROS COPIADOS A MANO

Durante siglos, los libros fueron escasos ya que se tenían que copiar a mano, lo que requería semanas enteras de trabajo.

Los monjes de la Edad Media copiaban textos en pergaminos. Un artista decoraba las páginas con dibujos coloridos y bellas letras mayúsculas: las estampas. Luego, las páginas se cosían y se protegían con una cubierta de madera o de cuero.

LOS CHINOS INVENTAN LA IMPRENTA

Hace 1.200 años, para copiar las páginas más rápidamente, los chinos descubrieron cómo reproducir la escritura grabando signos en la madera.

Primero, el texto se escribía en una hoja que luego se copiaba en una plancha de madera. Apretando bien, el texto se quedaba grabado en la madera.

Gracias al grabado, cada carácter se esculpía al revés en la madera. Luego, el texto esculpido se pintaba con tinta, y se colocaba una hoja sobre la plancha presionando con delicadeza: el texto imprimía. Se podían imprimir cuantas páginas se quisiera.

SE PERFECCIONA LA IMPRENTA

Para no perder más tiempo esculpiendo textos enteros, el alemán Gutenberg imaginó una nueva técnica.

Cada letra y signo de puntuación se esculpía en plomo. Bien ordenados en un cajón (caja), los caracteres podían utilizarse varias veces. Para componer un texto, se alineaban las letras en un marco de madera y se untaban con una tinta espesa

Un operario colocaba una hoja blanca sobre el texto tintado y lo ponía todo bajo la prensa. Al girar la tuerca, la prensa chafaba fuertemente la hoja para que las palabras se imprimiesen. A continuación, se retiraba la hoja delicadamente y se dejaba secar. Entonces se podía volver a empezar con otra hoja.

Los distintos inventos técnicos e informáticos permiten ahora imprimir libros muy rápidamente. Las imágenes y los textos primero se preparan en ordenador, y luego se llevan las páginas a la imprenta.

Las revistas, los periódicos y algunos libros se imprimen en máquinas muy rápidas, las rotativas, que también doblan, cortan y grapan las hojas.
En pocas horas, varios miles de ejemplares salen así de las rotativas listos para su distribución.

Estas máquinas sólo imprimen. Unas hojas muy grandes pasan bajo 4 rollos seguidos para ser impresas en colores: el amarillo (A), el azul o cian (C), el rojo o magenta (M) y el negro (N). A continuación, las hojas se doblan y se encuadernan aparte.

COMUNICARSE A DISTANCIA

Durante siglos, para poder comunicarse a distancia, los seres humanos inventaron signos visuales y sonoros o enviaron mensajeros.

¡Al soplar en esta concha (una caracola), este inca daba la voz de alarma!

Este vigía de la Edad Media señalaba el retorno de los guerreros.

Este indio se comunicaba con su tribu gracias a las señales de humo.

Durante mucho tiempo, los mensajeros recorrieron muchos kilómetros, hiciese el tiempo que hiciese, para transmitir informaciones importantes por sus países.

También se utilizaban las palomas mensajeras para entregar mensajes.

EL TELÉGRAFO

Antes del uso de la electricidad, se imaginó el envío de mensajes codificados con la ayuda de brazos articulados sobre las colinas.

En el siglo XVIII, los brazos mecánicos del telégrafo se instalaron en lo alto de torres separadas varios kilómetros. Cada posición de los brazos representaba un mensaje que el telegrafista observaba con un catalejo y transmitía a la siguiente torre.

Gracias a la electricidad, el estadounidense Samuel Morse inventó en el siglo XIX un telégrafo eléctrico. Cada letra se codificaba con señales eléctricas breves o largas transmitidas por hilos. Estas señales llegaban en forma de punto o raya que había que descodificar.

EL TELÉFONO

Tras la aparición del telégrafo, Graham Bell inventó el micrófono y el auricular: así transformó el telégrafo en teléfono.

El primer teléfono tenía una trompeta que servía tanto de micrófono como de auricular. El micrófono transforma la voz en señales eléctricas que se transmiten por los cables. El auricular es capaz de reproducir esta voz.

Rápidamente, el teléfono poseyó un micrófono y un altavoz separados, pero todavía no se componía el número de teléfono. Al girar una manivela, se conectaba con una centralita y, allí, un telefonista nos conectaba con el número deseado.

Hoy en día, gracias a millones de kilómetros de cables y de cientos de satélites, la red telefónica permite llamar por todo el mundo, enviar imágenes e, incluso, verse cuando se está hablando.

Más tarde, el teléfono incluyó un disco selector: el número al que queríamos llamar se marcaba directamente sin pasar por la centralita. Para marcar el número con mayor rapidez, se sustituyó el disco giratorio por unas teclas.

Posteriormente, se inventó el fax: conectado a la línea telefónica, permite enviar y recibir texto escrito e imágenes.

El teléfono móvil funciona gracias a los satélites.

Se ha inventado el teléfono móvil para poder llamar y recibir llamadas en todos sitios y en cualquier momento.

El videoteléfono es un teléfono con una pantalla que permite ver a la persona que tenemos en línea.

LA RADIO

La radio transmite sonidos gracias a las ondas. Éstas son unas minúsculas vibraciones invisibles que se desplazan por el aire.

En 1897, el italiano Marconi inventó el telégrafo sin cable, un sistema sin cable para enviar mensajes codificados.

Más tarde, la radio transmitió el sonido de la voz. El aparato ocupaba mucho espacio y se oía a través de auriculares.

Con posterioridad, se instalaron altavoces en los aparatos de radio. Entonces no había televisión y toda la familia se reunía alrededor de la radio para escuchar los programas. Finalmente, el transistor, que es portátil y funciona con pilas.

LA TELEVISIÓN

Para transmitir imágenes, se inventó la televisión. Los primeros aparatos de televisión eran enormes pero con una pantalla muy pequeña.

En 1926, un escocés presentó las primeras retransmisiones televisadas. La cámara transforma las imágenes en señales eléctricas que se vuelven a traducir en imágenes. Los primeros programas se realizaron en 1936, pero los televisores eran escasos.

Al principio, las imágenes eran en blanco y negro. Más adelante, en 1960, apareció el televisor en color. Todavía no había más que un canal. Hoy en día, la parabólica y el satélite nos permiten captar una multitud de canales.

LA FOTOGRAFÍA

En 1816, el francés Nicéphore Niepce inventó la fotografía para dibujar escenas, objetos y paisajes.

Niepce utilizó un antiguo invento chino de más de 2.000 años: la cámara oscura. En esta caja, la luz entra por un agujero (objetivo) y forma una imagen al revés sobre el papel tensado en la parte posterior. Así se puede dibujar la imagen en el papel.

Nicéphore Niepce quería que la imagen se fijara sin que fuese necesario dibujarla. Así, colocó una placa de estaño cubierta de un producto sensible a la luz en la cámara oscura. Abrió el objetivo y, al cabo de varias horas apareció la imagen en la placa.

En el siglo XIX, los aparatos fotográficos eran de madera. Pesaban tanto que había que colocarlos sobre un trípode para evitar que se moviesen mientras se tomaba la fotografía.

El fotógrafo miraba a través de su aparato de fuelle (cámara) y regulaba el objetivo para tener una imagen nítida. A continuación, introducía una placa de cristal y abría el objetivo gracias a una pera. Más tarde, se redujo el tamaño de las cámaras.

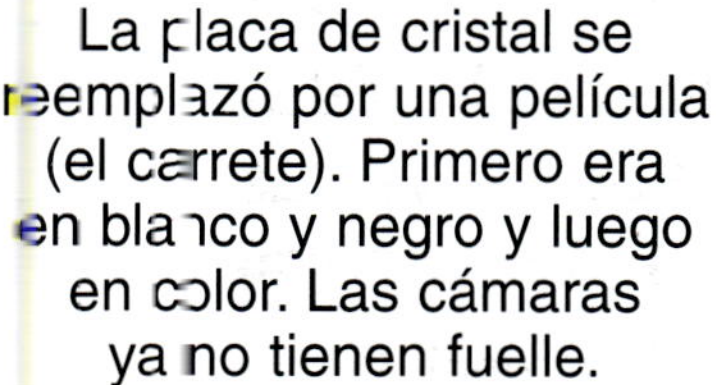

La placa de cristal se reemplazó por una película (el carrete). Primero era en blanco y negro y luego en color. Las cámaras ya no tienen fuelle.

En la década de 1950, se inventaron unas cámaras que revelaban y sacaban la fotografía a los pocos segundos.

En la actualidad, las cámaras digitales ya no tienen carrete: la imagen puede verse directamente en el ordenador.

EL CINE

Después de la imagen fija, se inventó la imagen animada. Una película se hace con miles de imágenes que pasan muy rápido unas tras otras.

Antes de la invención del cine, se intentó animar imágenes. Este juguete de 1879 muestra pequeños personajes que se mueven cuando hacemos girar el disco en el que se encuentran dibujados. Sólo un espectador puede ver cómo se animan las figuras por la ventanita.

Justo antes de la invención del cine, las proyecciones se hacían con una linterna mágica. La luz se proyectaba a través de placas de cristal sobre las que figuraban imágenes. Estas imágenes aparecían muy grandes en una pantalla. Todavía no tenían movimiento, pero a los espectadores les encantaba.

Los hermanos Louis y Auguste Lumière crearon en 1895 el primer aparato de proyección de fotografías animadas. Una manivela movía la película. Las imágenes pasaban muy rápido por la pantalla.

La primera proyección de los hermanos Lumière fue todo un éxito. La película mostraba un tren que llegaba a la estación; los espectadores presentes se sorprendieron tanto que pensaron que el tren iba a cruzar la pantalla y a atropellarlos.

Al principio, las películas eran mudas y proyectadas en blanco y negro. Un músico tocaba el piano para acompañar.

Años más tarde, las películas incorporaron el sonido con palabras y música. Después, llegó el color.

Antes de proyectar las imágenes, había que grabarlas. Los hermanos Lumière construyeron la primera verdadera cámara de cine, accionada por una manivela.

(3) *El fusil fotográfico o cronofotógrafo tiene un disco con la película. Las fotos se toman unas después de otras.*

En 1888, Étienne Marey construyó el fusil fotográfico o cronofotógrafo (1), con el que, varias veces por segundo, fotografió a un hombre en movimiento (2). Al proyectar estas imágenes muy deprisa unas tras otras, se veía al personaje desplazarse (3)

La primera cámara parecía una caja de madera con una manivela. El cámara giraba la manivela, la película avanzaba, el objetivo se abría y se tomaba la imagen. Para obtener una buena película, había que girar la manivela de forma regular.

GRABAR SONIDOS

Antes de inventar la radio, se intentó grabar el sonido de la voz. Así se inventó el fonógrafo de cilindro en 1877.

Para grabar la voz había que girar la manivela del fonógrafo y hablar por el micrófono. En el cilindro se grababa un surco correspondiente al sonido. Para escuchar la grabación, había que reemplazar el micrófono por un altavoz y girar la manivela.

Algunos años más tarde, el rodillo se reemplazó por un disco, que era más sólido y más práctico. El sonido era de mejor calidad y podía reproducirse en miles de ejemplares. Entre disco y disco había que volver a subir el fonógrafo.

Más adelante se inventó el tocadiscos eléctrico. Los altavoces difundían la música. Ya se podía regular el volumen del sonido. Los primeros magnetófonos aparecieron en 1898.

El primer tocadiscos se guardaba en una pequeña maleta. Existían dos tamaños de discos. A continuación apareció el tocadiscos moderno, con dos pantallas acústicas que daban un mejor sonido. Hoy en día, los CD se reproducen con lectores láser.

En los primeros magnetófonos, los sonidos se grababan en grandes cintas magnéticas. Más tarde, aparecieron los casetes y los magnetófonos portátiles. Hoy en día, incluso los más pequeños tienen un reproductor de casetes.

LA VIDA COTIDIANA

EL DESCUBRIMIENTO DEL FUEGO

Cuando el ser humano comprendió que el fuego aportaba calor y luz, intentó crearlo.

Los primeros seres humanos descubrieron que un volcán en erupción liberaba lava que lo quemaba todo a su paso, y que la descarga eléctrica de un rayo incendiaba las hierbas secas, los árboles muertos y cocía la carne de los animales muertos.

El ser humano consiguió capturar el fuego y lo utilizó para calentarse, iluminar, protegerse y cocer los alimentos. Con él endurecía la punta de las ramas para fabricar armas. Lo vigilaba y se llevaba las brasas cuando cambiaba de campamento.

Entonces, nuestro antepasado prehistórico, el homo erectus, descubrió por casualidad cómo encender fuego hará unos 500.000 años.

Al golpear dos piedras de sílex, el homo erectus constató que surgían chispas y que las ramitas ardían. También observó que si se frotaban dos trozos de madera seca el uno contra el otro, se calentaban y hacían inflamar la hierba seca.

El sílex se utilizó durante mucho tiempo en la casa.

El primer encendedor era un sílex que se frotaba contra una pieza de metal sobre ramitas secas.

Las primeras cerillas nos vienen de los romanos.

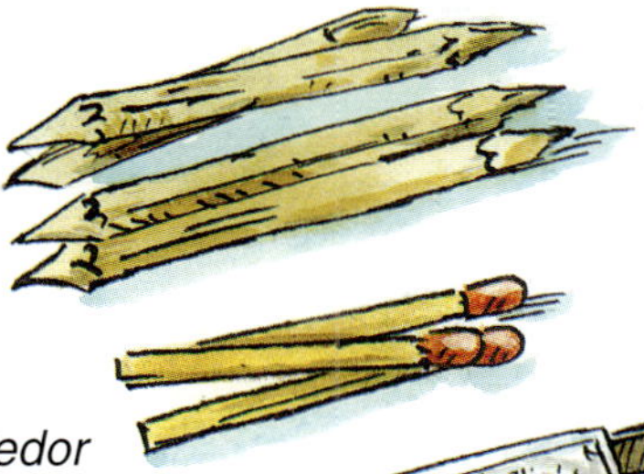

En el siglo XIX, se inventó el raspador. En la actualidad, el encendedor cabe en el bolsillo y se lleva por todas partes.

LA AGRICULTURA

Los hombres prehistóricos vivían de la caza, de la pesca y de la recolección antes de inventar la agricultura.

Al constatar que los granos salvajes que caían en el suelo hacían crecer nuevos brotes, a los seres humanos se les ocurrió plantar granos. Así inventaron la agricultura.

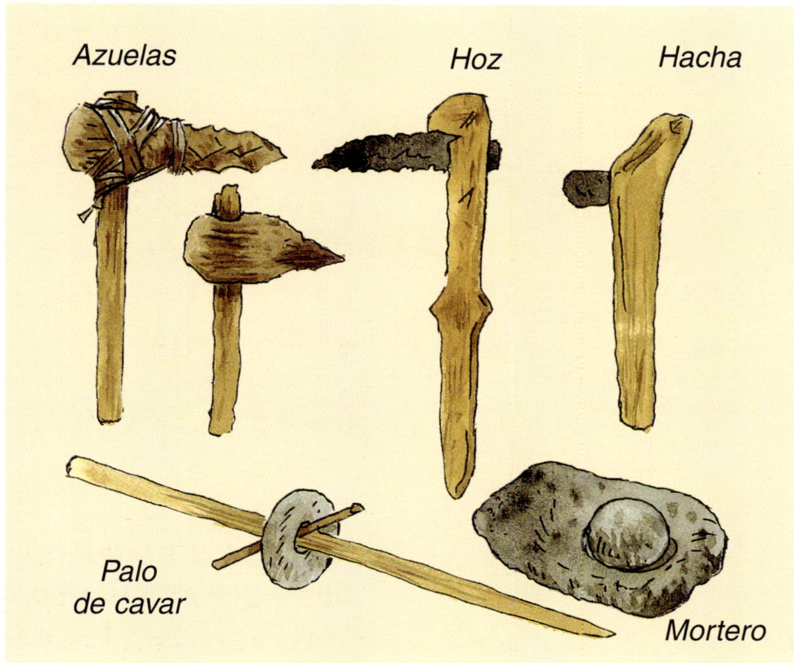

Para sembrar y recolectar, los seres humanos fabricaron nuevas herramientas: la azuela para romper los montículos de tierra y cavar surcos, el palo de cavar para plantar el grano y la hoz para cortar el trigo. El hacha apareció también, y el mortero se inventó para chafar el grano.

EL ARADO

A lo largo de los siglos, se fueron inventando y perfeccionando las herramientas. Se usó la fuerza animal y, luego, la potencia de los motores.

El arado de madera permitía arar surcos más rectos y más profundos para plantar mejor el grano. El arado con reja de hierro revolvía mejor la tierra, y se utilizó desde la Edad Media hasta finales del siglo XIX.

A partir del siglo XVIII se fabricaban los arados enteramente de metal. Al ser más ligeros, araban la tierra a mayor profundidad. Primero iban tirados por caballos, y hoy en día se enganchan a los tractores y cavan varios surcos a la vez.

HERRAMIENTAS PARA COSECHAR

La invención y la mejora de la maquinaria agrícola hizo que el trabajo fuese más rápido y menos difícil, y las cosechas más abundantes.

Los galos inventaron la primera segadora para cosechar el trigo. Los dientes de hierro arrancaban las espigas que caían en una caja de madera. Sin embargo, todavía durante siglos se segó el trigo con guadaña. Era un trabajo agotador.

En Estados Unidos, en el siglo XIX, se inventó la máquina segadora-empacadora. Mientras recorría el campo, la máquina segaba el trigo y lo unía directamente en haces.

Una vez segado el trigo, había que trillarlo para separar el grano. Antaño, este trabajo era largo y pesado. La trilladora de vapor apareció en el siglo XIX.

La trilladora reemplazó a la trilla con mayal: accionada por una máquina de vapor que funcionaba con carbón, separaba los granos de las espigas. La trilladora, colocada en el patio de una granja, servía a varios granjeros.

Hoy en día, la recolectora-trilladora corta el trigo y se lo traga. En el interior de la máquina, se trillan las espigas. Entonces, el grano cae en un remolque, y la caña (la paja) cae al suelo mientras la máquina recorre todo el terreno.

LA IRRIGACIÓN

Para crecer, los cultivos necesitan agua. Desde la Antigüedad, los agricultores inventaron diversos sistemas para llevar agua a sus campos.

Los egipcios crearon acequias en los campos y las llenaron con agua del río. El cigoñal les servía para sacar el agua. En Grecia se inventó una gran tuerca que, al hacerla girar, remontaba el agua del río hasta los canales.

Hoy en día, para regar los grandes campos, los agricultores utilizan métodos de irrigación modernos. Una bomba con motor aspira el agua de los ríos o de los canales y se pulveriza sobre los cultivos como si se tratase de agua de lluvia.

CONSERVAR LOS ALIMENTOS

Los alimentos que no se consumen rápidamente se estropean y se pierden. Hubo que encontrar métodos para conservarlos.

En la prehistoria se secaban al sol tajadas de carne y filetes de pescado, así se podían comer durante más tiempo. El grano se almacenaba en un granero elevado o en un agujero en el suelo, cubierto de barro y bien cerrado.

Otro sistema para conservar la carne o el pescado consistía en colocar los trozos encima de un fuego para ahumarlos. Para que las bellotas no se pudriesen, se tostaban. Los galos conservaban la carne salándola y colocándola en tinajas.

Muy pronto, los seres humanos comprendieron que el frío ayuda a conservar los alimentos. Así pues, inventaron técnicas para utilizar el hielo natural.

Los hombres prehistóricos, durante la estación fría, metían los alimentos en el suelo helado. El frío los congelaba.

Así, hasta el siglo XIX, los seres humanos recuperaban el hielo de los lagos y de los estanques helados en invierno.

Para que el hielo recuperado no se fundiese enseguida y se pudiese utilizar varios meses, se almacenaba en casas-nevera bien aisladas, donde uno iba a aprovisionarse.

La nevera y el congelador son máquinas que fabrican frío. Los primeros refrigeradores fueron concebidos en Estados Unidos en 1913.

una nevera

En el siglo XIX, había fábricas de hielo que repartían barras por las casas para meter en las neveras. Pero el hielo se fundía rápidamente.

En el congelador, la temperatura es de –18 °C. Los alimentos congelados pueden conservarse allí varios meses. En la nevera, la temperatura oscila entre los 2 y los 5 °C. Los alimentos se conservan varios días. El congelador y la nevera pueden formar parte de un mismo electrodoméstico o estar separados.

LAS CONSERVAS EN LATA

El confitero Nicolas Appert descubrió que el calor, igual que el frío, puede proteger los alimentos. Así inventó las conservas.

Nicolas Appert puso botellas bien cerradas llenas de alimentos en agua hirviendo (100 °C) durante varios minutos. Al cabo de varios meses, los alimentos seguían siendo saludables y habían conservado todo su sabor. El calor muy fuerte mata a los microbios y, por lo tanto, los alimentos no se estropean.

Aparatos como la autoclave fueron ideados para preparar conservas en casa. Los recipientes se calentaban al baño María. Los tarros y las latas de hojalata, más fáciles de llenar y menos frágiles, reemplazaron a las botellas.

COCINAR LOS ALIMENTOS

A partir del momento en que el hombre prehistórico consiguió hacer fuego, inventó distintos métodos para cocinar los alimentos.

Para asar la carne, se ensartaban sus trozos en palos de madera.

El pescado se cocía poco a poco envuelto en una hoja y cubierto de ceniza.

Para calentar el agua del odre de piel, se coloca una piedra caliente.

El fuego de leña calentaba las piedras del horno en el que se ponían los panes.

Cuando los seres humanos aprendieron a forjar el metal, fabricaron marmitas.

Desde los primeros hornos de pan prehistóricos hasta el horno microondas, los seres humanos han creado numerosos modelos de aparatos de cocción para cocinar sus platos.

El fuego de leña calentaba este horno romano sobre el que se cocían los alimentos.

En los castillos de la Edad Media se asaba la carne, se cocían las sopas y se hervía el agua en grandes chimeneas.

En el siglo XIX apareció la cocina de hierro. Se previó un compartimento en el que se quemaba leña o carbón para calentar el horno, los fogones y la sala. Más tarde apareció la cocina de gas.

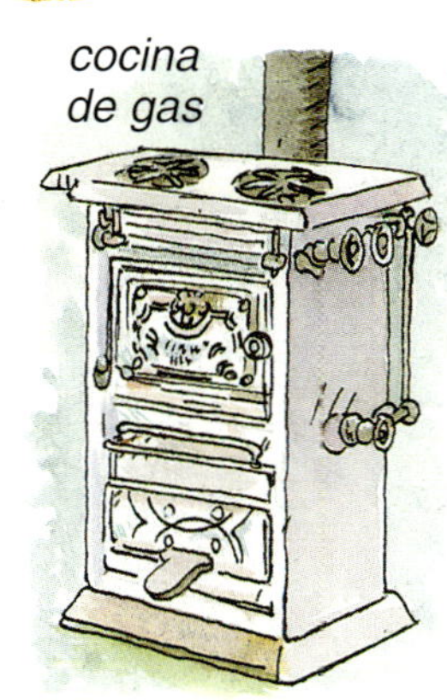

Hoy en día existen placas eléctricas y hornos que funcionan con electricidad o con gas. El horno microondas calienta los alimentos en pocos minutos.

LOS PRIMEROS RECIPIENTES

Los hombres de la prehistoria fabricaron los primeros recipientes de cerámica para almacenar alimentos y transportar agua.

El barro se endurece al secarse al sol. Así, a los seres humanos se les ocurrió utilizar el barro para fabricar recipientes. Para ello, hacían una bola de barro (1), pegaban los churros los unos sobre los otros (2) o moldeaban un disco de tierra en un cesto (3).

Las vasijas se cocían entre varias capas de leña. El alfarero soplaba para activar el fuego.

Los mesopotámicos inventaron el torno. El alfarero giraba una plancha sobre la que se colocaba el barro para modelar.

¡A COMER!

Los cuchillos existen desde la prehistoria. Los tenedores y los platos aparecieron bastante más tarde.

Con trozos de sílex tallados en punta se cortaba la carne.

Desde que se sabe fundir metales, existen los cuchillos de hierro y bronce.

Cuando se inventaron los tenedores, los cuchillos fueron menos afilados.

En la época romana, los comensales se servían directamente del plato. En la Edad Media se colocaba el trozo de carne sobre una gran rebanada de pan, el tajo. La sopa se tomaba en una escudilla de madera.

En la Antigüedad, los vasos eran de terracota. Más tarde, los seres humanos descubrieron cómo fabricar vidrio a partir de una mezcla de arena y cal.

Copas, jarras, vasijas y vasos antiguos.

Los egipcios tallaban vasos en piedra transparente: el alabastro.

Los artesanos mesopotámicos descubrieron cómo soplar el vidrio cuando estaba caliente y blando. Así obtenían todo tipo de recipientes.

En la Edad Media, las personas acaudaladas se limpiaban la boca y los dedos con un extremo del mantel. En el Renacimiento apareció la servilleta, que se llevaba sobre el hombro. Con la moda de los grandes cuellos, se ató alrededor del cuello.

UNA AGUJA PARA COSER LA ROPA

Para luchar contra el frío, los hombres prehistóricos se protegían con pieles de animales. Para unirlas, se inventó la aguja.

Si sólo se ponían las pieles sobre los hombros, no cubrían bien el cuerpo y dejaban pasar el aire.

Con una aguja de hueso o de marfil se podían unir los pedazos de piel. De esta manera, la ropa abrigaba más.

Como la piel es muy espesa y difícil de agujerear, había que hacer un agujero con un punzón de hueso o de madera. El hilo, sólido, se fabricaba con tripas de animales que se mascaban durante mucho rato para hacerlas más flexibles. La aguja también permitía coser las tiendas y los odres que contenían agua.

LA LANA, EL LINO Y EL ALGODÓN

Hará unos 10.000 años aproximadamente, los seres humanos descubrieron cómo utilizar las fibras para confeccionar ropa y mantas.

La lana

Muy pronto se dieron cuenta de que la lana de oveja abrigaba. Entonces, a los seres humanos se les ocurrió esquilar a estos animales para recuperar su lana y fabricar así vestidos.

El algodón

En los países cálidos y húmedos crece el algodón. El fruto de esta planta contiene unos granos y sobre todo unas pequeñas matas de fibras que se pensó en hilar y tejer.

El lino

El lino también es una planta. Los tallos se arrancan y se ponen en remojo varios días. Más tarde se trilla y se rastrilla antes de tejerse.

Antes de tejer o de tricotar la lana, hay que hilarla. En la actualidad, esta operación la realizan las máquinas pero, antiguamente, se utilizó primero una rueca y, más tarde, un torno.

Primero se desenredaba la lana con la ayuda de dos grandes peines. Luego se retorcían los hilos y se enroscaban en una rueca para estirarlos.

En la Edad Media, unos viajeros trajeron de la India el torno. Gracias a él, la lana se podía hilar más rápida y finamente, ya que una rueda tiraba de la lana. Más adelante, el hilado se mecanizó y empezó a realizarse con máquinas.

EL TELAR

En el telar se estiraban los hilos y se cruzaban muy apretados para obtener un tejido. Los primeros telares se remontan a la prehistoria.

peine para apretar el tejido

Los galos fabricaban grandes piezas de tela en telares verticales. Al mezclar hilos de colores, creaban dibujos.

Los tejedores de la prehistoria tendían los hilos a lo largo y anudaban piedras en el extremo de los hilos que hacían las veces de pesos.

En la Edad Media se perfeccionó el telar. El tejedor podía trabajar sentado.

En el siglo XIX se inventaron los telares mecánicos que eran más rápidos y tejían grandes longitudes.

En la actualidad, las máquinas fabrican kilómetros de telas que enrollan en enormes bobinas.

TEÑIR LOS TEJIDOS

Desde la prehistoria, los seres humanos descubrieron cómo dar a sus telas bellos colores.

Estas telas que acaban de tejer son todavía grises. Los hombres prehistóricos se dieron cuenta de que los rayos de sol blanqueaban algunos tejidos como el lino, por ejemplo. Así pues, extienden las telas al sol.

Muy pronto, las telas empezaron a teñirse en baños calientes de tinte a partir de colorantes naturales. La concha de múrice triturada tiñe de rojo. Plantas como el añil o el glasto tiñen de azul.

EL SECRETO DE LA SEDA

Según la leyenda, la esposa de un emperador chino descubrió la seda hará unos 5.000 años al retirar un capullo de mariposa caído en su taza...

1) La hembra de la mariposa bómbice pone sus huevos sobre una hoja de morera.
2-3) Poco después de nacer, la larva se transforma en oruga. Segrega un hilo de seda para fabricar su capullo.
4) En el interior, la larva se transforma en mariposa que, a su vez, pondrá huevos.

Primero los chinos y más tarde los europeos criaron gusanos de seda para obtener seda fina que se utilizaba para tejer telas preciosas. Los capullos que fabricaban las larvas se reblandecían en agua hirviendo, para luego desenrollar hilos muy finos.

LAVAR LA ROPA

¡Qué trabajo tan duro el de lavar la ropa! Antaño, había que llevar la ropa al río o al lavadero, o incluso llevar el agua a casa.

En el lavadero o en el río, hiciese el tiempo que hiciese, las mujeres enjabonaban la ropa, la frotaban y la batían para enjuagarla.

Más tarde se inventó la pila para lavar las cosas en casa. Sin embargo, ¡todavía había que ir a buscar el agua a la fuente y calentarla!

Hacia 1830, se accionaba una manivela y la ropa se agitaba en una cuba de madera llena de agua con jabón.

Para que la ropa blanca estuviese más limpia, había que hervirla. Se utilizaba la pila de vapor: el agua hirviendo subía por un cilindro y caía sobre la ropa.

En la actualidad, las lavadoras eléctricas lavan la ropa a la temperatura que se escoge y la enjuagan.

PLANCHAR

Agitada, batida, enjuagada, secada... la ropa que se acaba de lavar está muy arrugada. Así pues, antes de ponérsela, hay que plancharla.

Hace 1.500 años, los chinos utilizaban una cacerola con brasas. Más tarde se inventaron otras planchas, como la de planchar cuellos en el Renacimiento.

Plancha en la que se colocan brasas.

Primera plancha eléctrica.

Plancha eléctrica con central de vapor.

Las planchas eran muy pesadas y quemaban mucho.

Mientras se calentaba una de las dos planchas, se utilizaba la otra.

Las primeras planchas eran de hierro, algunas llevaban brasas, otras se calentaban encima de una estufa. Más tarde apareció la plancha eléctrica.

ESCOBAS Y ASPIRADORAS

Durante mucho tiempo, el suelo de las casas era de tierra batida. No había baldosas que lavar ni alfombras que cepillar.

En la Edad Media se extendían hojas de hierbas perfumadas y se reemplazaban con regularidad.

En el siglo XVII se echaba arena por e suelo para absorber la suciedad. La arena se compraba a un vendedor.

Más adelante se cubrieron los suelos de piedra o de baldosa. Para fregarlos, se inventó una fregona de cuerda.

En 1876, el estadounidense Bissel fabricó la escoba mecánica. Un cepillo giratorio enviaba el polvo a una cajita.

En 1901, para quitar bien el polvo de las alfombras que cubrían el suelo de algunas casas, se inventó la aspiradora. Una hélice que giraba muy deprisa aspiraba el aire y el polvo.

Cuando se inventó, la aspiradora era muy voluminosa. Se instalaba en un carro en la calle y se pasaban los tubos por las ventanas. La hélice funcionaba gracias a un motor de gasolina que hacía mucho ruido y desprendía muy mal olor.

Poco después se utilizó la aspiradora con fuelle, que era más práctica.

La primera aspiradora eléctrica se fabricó en Estados Unidos, en 1910.

Más tarde se inventó la aspiradora con ruedas que todos conocemos.

LA HIGIENE PERSONAL

Según la civilización, la higiene personal tenía una importancia u otra. De hecho, para muchos pueblos, lavarse no era una cuestión esencial.

Los egipcios ricos hacían que sus esclavos les ayudasen a lavarse.

Los romanos crearon las termas, unos baños públicos con piscinas calientes. Se embadurnaban con aceites perfumados y se quitaban la suciedad con espátulas.

Los galos fabricaban jabón con grasa, cenizas y plantas.

En la Edad Media y en el Renacimiento, los baños eran escasos y sólo los más ricos utilizaban tinas llenas de agua calentada en el fuego.

El agua tardó mucho tiempo en llegar a las casas. Había que ir a buscarla a la fuente o al pozo y llevarla a la casa. Los cuartos de baño todavía no existían.

Antes de la bañera, una palangana y un jarro servían para lavarse. No siempre se calentaba el agua. Cuando apareció la bañera, los ricos la alquilaban. Se la traían a domicilio. La bañera se generalizó, pero quedaba el problema de calentar el agua.

El primer calentador de baño de gas se inventó en 1860. Más tarde aparecieron los calentadores de agua de gas o eléctricos. Hoy en día, la mayoría de casas tienen un cuarto de baño. ¡Y podemos ducharnos o bañarnos con el agua bien caliente!

LOS ESPEJOS

Muy pronto, la superficie lisa y brillante del agua o de algunas piedras sirvió de espejo. Más tarde se intentó fabricarlos.

Durante millones de años, la única manera de ver el propio reflejo era mirándose en el agua de los lagos o en los charcos.

Los seres humanos descubrieron también que algunas piedras volcánicas eran reflectantes y les devolvían su imagen.

Los egipcios se miraban en espejos de plata y hierro que frotaban para que estuvieran brillantes.

Más tarde, unos vidrieros alemanes inventaron el espejo actual, aunque era todavía muy pesado.

MAQUILLARSE

Desde la Antigüedad, tanto los hombres como las mujeres buscaron en la naturaleza sustancias para embellecerse y oler bien.

Los egipcios se pintaban el contorno de los ojos con unos polvos negros: el khol. Se ponían colorete en las mejillas con una mezcla de polvos de hierro y de grasa animal. También se colocaban sobre la peluca un cono de grasa que, al fundirse sobre la cabellera, desprendía un olor perfumado.

Esta esclava romana blanquea la piel de su señora con una mezcla de leche de burra, harina y tiza.

En la Antigüedad se coloreaban los labios con poso de vino. Más tarde se inventó el carmín a base de grasa.

AFEITARSE

Antaño, para afeitarse, los hombres iban a menudo al barbero, que también era peluquero.

Los jóvenes egipcios se afeitaban el cráneo con una cuchilla de cobre.

A partir de la Edad Media se utilizó la navaja de afeitar. Había que ser hábil.

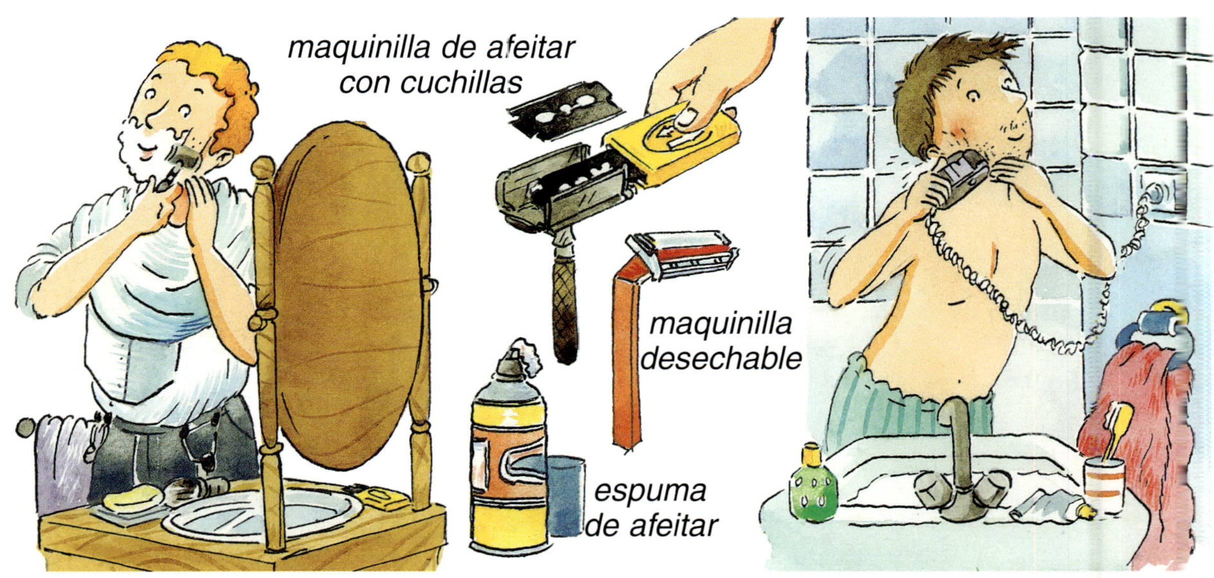

A principios del siglo XX aparecieron en Estados Unidos la maquinilla de afeitar y las cuchillas desechables. Desde 1930 existe la maquinilla eléctrica, que ya no requiere jabón y que no corta. Pero muchos hombres aún prefieren la maquinilla con cuchillas.

LOS RETRETES

Durante mucho tiempo, los seres humanos hicieron sus necesidades en la naturaleza. Más tarde, inventaron el orinal y crearon los retretes.

Los retretes romanos estaban previstos para varias personas.

En los castillos de la Edad Media, las necesidades caían al foso

En las ciudades se vaciaban los orinales en una zanja de la calle.

Más tarde se utilizó una silla agujereada con un cubo debajo. Después de cada uso, había que echar ceniza o tierra para evitar los olores. El cubo debía vaciarse con regularidad. La taza y la cadena aparecieron en el siglo XVIII.

ALUMBRARSE

Los hombres prehistóricos descubrieron que la grasa de algunos animales y la resina de abeto queman lentamente.

Para alumbrarse, los seres humanos quemaban la punta de la antorcha que estaba cubierta por una mezcla de grasa y de ramas secas. Inventaron las primeras lámparas de aceite, de barro o de piedra, llenas de grasa fundida y con una mecha.

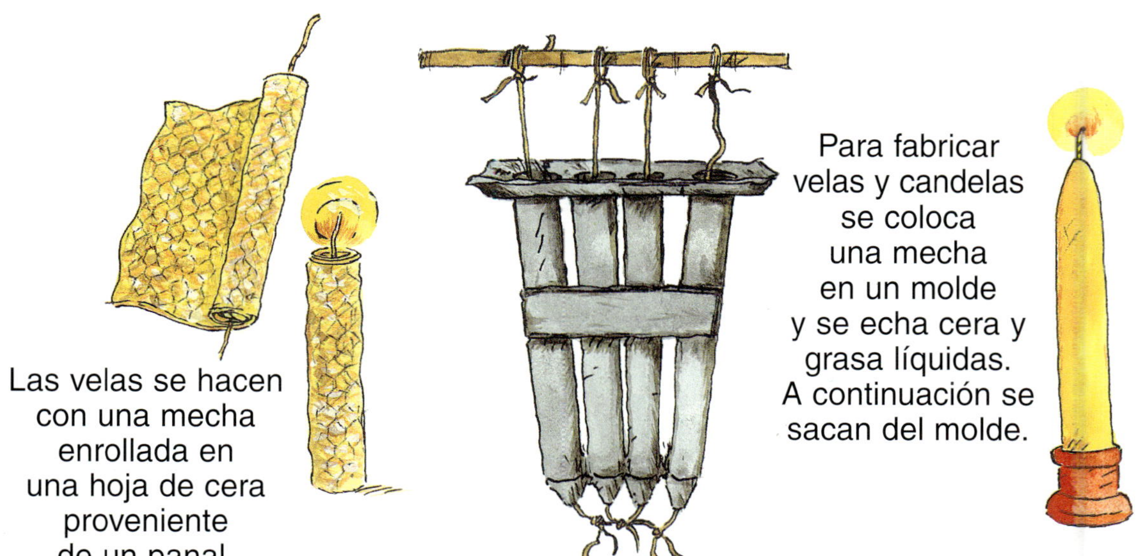

Las velas se hacen con una mecha enrollada en una hoja de cera proveniente de un panal.

Para fabricar velas y candelas se coloca una mecha en un molde y se echa cera y grasa líquidas. A continuación se sacan del molde.

Las velas de cera de abeja y las candelas fabricadas con grasa se conocen desde hace mucho tiempo. Se inventaron en la Antigüedad.

Antes de la aparición de los faroles públicos en el Renacimiento, las calles no estaban iluminadas. En el siglo XIX, las farolas con velas se sustituyeron por farolas de gas que un empleado encendía y apagaba.

Las primeras farolas de calle funcionaban con una vela. Más tarde funcionaron con gas. Una persona las encendía por la noche y las apagaba al despuntar el día. Dentro de casa, una lámpara que funcionaba con petróleo reemplazó las candelas y las velas.

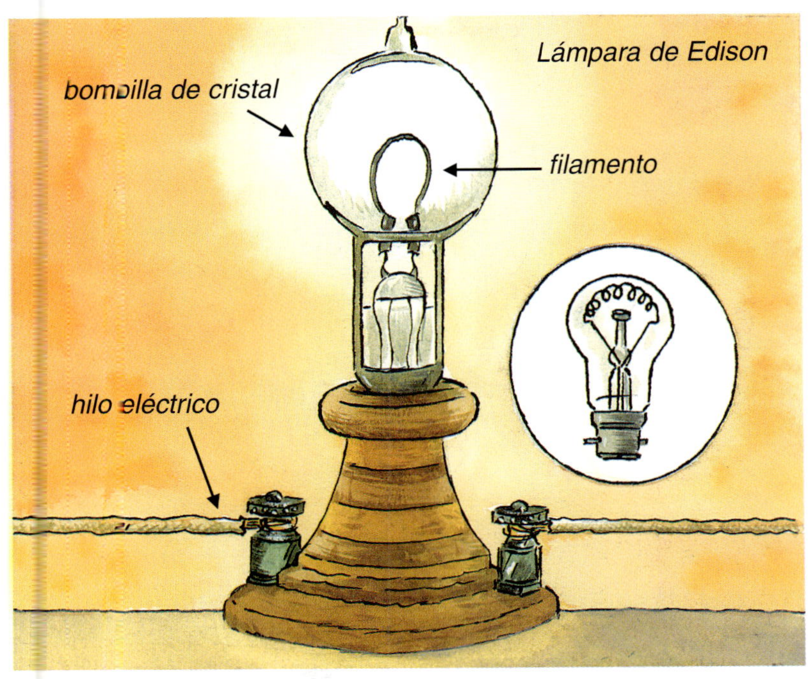

En el siglo XIX, el estadounidense Thomas Edison inventó la bombilla eléctrica. Fue un gran invento. La corriente eléctrica pasa por el filamento que está en la bombilla. El filamento se calienta tanto que primero se pone rojo, luego blanco, y así produce luz.

MEDIR EL TIEMPO QUE PASA

Los seres humanos, al observar la naturaleza y trabajar en el exterior, tomaron conciencia de que el tiempo pasaba y quisieron medirlo.

Al mirar cómo se desplaza el sol durante el día y notando las sombras que produce, los seres humanos inventaron el reloj de sol. Este reloj colocado al sol, hacia el sur, posee un palo cuya sombra indica la hora que es.

El tiempo que tarda el agua en pasar de un cubo a otro, o la arena en pasar de arriba abajo, o incluso el tiempo que tarda en consumirse una vela es siempre el mismo. Estos puntos de referencia ayudaron a los seres humanos a medir el tiempo.

¿QUÉ HORA ES?

En la Edad Media se inventaron los primeros relojes mecánicos. Primero se instalaron en las iglesias y en los ayuntamientos.

Gracias a un sistema de pesas, de péndulo y de rodaje, las agujas giran e indican las horas en la esfera. Hay que remontar las pesas con regularidad para que el mecanismo no se detenga. Más adelante, los relojeros simplificaron el sistema del reloj de péndulo creando así los primeros relojes de pulsera.

Los relojes de bolsillo se abrochaban en el pantalón y se guardaban en un bolsillo especial para esta función. Hacia 1980, el reloj digital dejó de utilizar las agujas. Hoy en día, los relojes también son sumergibles, indican la fecha, sirven de cronómetro...

LAS MONEDAS

La idea de inventar monedas es muy antigua, sin embargo, por todo el mundo, durante mucho tiempo se pagó con todo tipo de mercancías.

Hace mucho tiempo, los chinos pagaban con conchas. Los galos practicaban el trueque: una preciosa espada costaba dos bueyes. Los aztecas, por ejemplo, utilizaban los granos de cacao: un conejo valía diez granos.

Las monedas más antiguas se remontan a hace 2.500 años. Provienen del reinado de Creso, en Lidia, un pequeño reino de la antigua Turquía. Fueron acuñadas con una mezcla de oro y de plata cuyas pepitas se encontraban en el río Pactolo. Hoy en día, la palabra "creso" hace referencia a una persona que posee grandes riquezas. Durante mucho tiempo, las monedas han llevado la cara del rey que reinaba

Mucho después de inventar las monedas, se inventaron los billetes y los cheques. Representan una riqueza que se debe poseer: no se puede emitir un cheque si no se tiene el dinero correspondiente en el banco.

Los chinos, que inventaron el papel, también imprimieron el primer papel moneda. Eran billetes muy grandes.

Para evitar las falsificaciones, los billetes actuales se imprimen en un papel muy especial fabricado secretamente.

En el siglo XX se inventó el cheque y la tarjeta de crédito para no tener que llevar muchos billetes y monedas encima. Para pagar o sacar dinero con la tarjeta de crédito en un cajero, se debe utilizar un código secreto.

MÁQUINAS PARA CALCULAR

Primero las personas contaron con los dedos, más tarde con piedrecitas. Luego se inventó el ábaco que los chinos todavía utilizan a veces.

Para contar con mayor facilidad, los chinos se ayudaban de unas bolas que pasaban de un lado a otro en un ábaco.

Con engranajes y cilindros, el francés Blaise Pascal fabricó la primera calculadora.

La primera caja registradora, que calculaba el total de lo que se debía, nació en Estados Unidos en 1879.

Hoy en día, la calculadora contiene un chip electrónico que efectúa todo tipo de operaciones, incluso las más complicadas.

LOS NÚMEROS

Para contar, el ser humano inventó signos particulares, los números. Los números más antiguos fueron grabados por los mesopotámicos.

Para poder realizar intercambios, los seres humanos tuvieron que contabilizar y anotar lo que poseían. Este pastor mesopotámico cuenta su rebaño: tiene 12 ovejas. Para acordarse graba unos signos. El 𒌋 representa 10 y el 𒁹 representa 1.

Así es como diversos pueblos de la Antigüedad y de la Edad Media escribían el número 12. Nuestros números actuales, que llamamos números arábigos, provienen de la India. Fueron traídos por los árabes hace más de 1.000 años.

LOS ORDENADORES Y LOS ROBOTS

Los ordenadores, cada vez más pequeños y más potentes, son una de las invenciones más importantes del siglo XX.

Colossus, el primer ordenador, fue construido en Estados Unidos en 1946. Pesaba más de 30 toneladas y se necesitaba una sala entera para guardarlo. En un segundo calculaba miles de operaciones que un ser humano hubiese tardado días y días en resolver.

Hoy en día, los ordenadores están en todas partes: en casa, en la oficina, en la escuela, en las tiendas, etc. Escribir, contar, dibujar, corregir, jugar... Realiza todas estas tareas gracias a circuitos electrónicos muy complicados que han sido estudiados por los ingenieros.

En la década de 1960, con la ayuda de los ordenadores y de la electrónica, los seres humanos pudieron crear los primeros robots que enseguida se utilizaron en el sector industrial.

Desde hace mucho se sueña con máquinas que ayuden al ser humano.

Cuando aparecieron los robots, se utilizaron en fábricas como las de la industria automovilística, por ejemplo para pintar y soldar las carrocerías de los coches.

Para algunas operaciones, los cirujanos están ayudados por brazos-robot que obedecen con precisión las órdenes del médico.

También existen juguetes-robot como estos perros que reaccionan con la voz.

GAFAS PARA VER MEJOR

En la Antigüedad, los griegos ya utilizaban lupas. Habían descubierto el efecto de aumento de las lentes de cristal.

En el siglo XIII, para ver mejor de cerca, se unieron dos lupas talladas en una piedra transparente: el berilo. Las primeras gafas, los quevedos, no tenían patillas, se colocaban sobre la nariz. Las patillas aparecieron en 1746.

Más tarde, el vidrio reemplazó al berilo y se crearon gafas que permitían ver mejor de lejos.

Después se inventaron las lentes de contacto. Flexibles e invisibles, pueden reemplazar a las gafas.

EL TELESCOPIO Y EL MICROSCOPIO

Los fabricantes de gafas y los sabios descubrieron un día cómo observar lo que está muy lejos o lo que es minúsculo.

Gracias a su telescopio, en 1609, el astrónomo italiano Galileo pudo observar lo que nadie antes había visto: la superficie de la Luna. En la actualidad, telescopios muy potentes permiten observar estrellas muy lejanas.

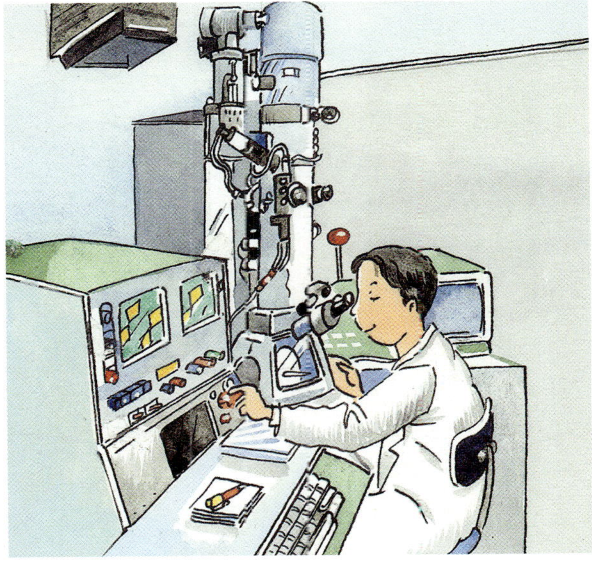

El microscopio, fabricado gracias a dos lentes, permite observar elementos muy pequeños que no se ven a simple vista. Con este invento, la ciencia ha realizado grandes progresos. Hoy en día, los microscopios electrónicos son muy potentes.

EL JUEGO DE LOS 7 ERRORES

En esta cocina de un castillo de la Edad Media se han dibujado objetos que todavía no se habían inventado. ¿Puedes encontrarlos?

Respuestas: 1 - un despertador. 2 - una cafetera eléctrica. 3 - una nevera. 4 - una lata de conservas. 5 - una aspiradora. 6 - una linterna. 7 - un grifo con agua corriente.

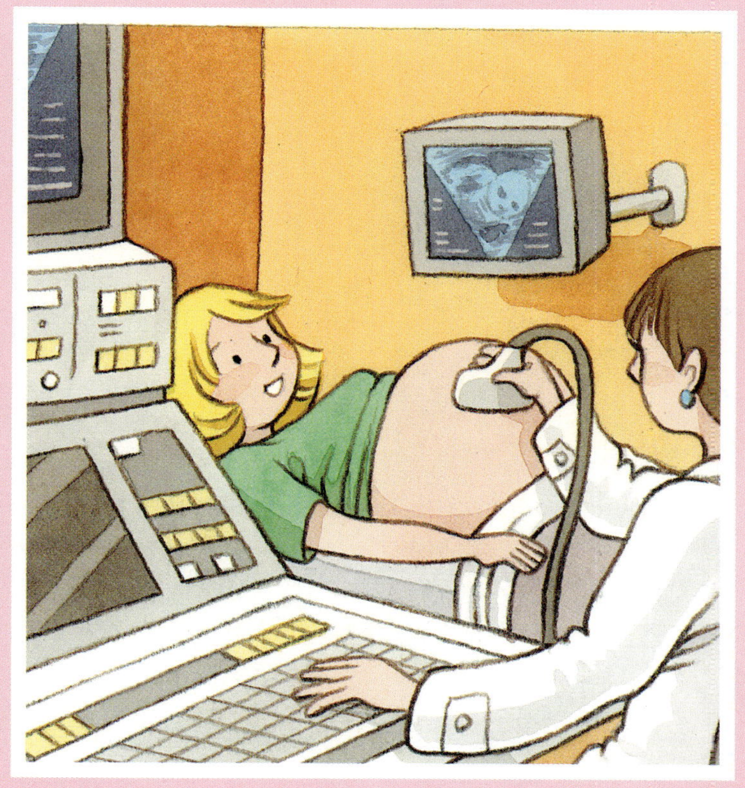

LA MEDICINA

LAS CURAS

Durante siglos, los médicos y los brujos han curado enfermedades con productos naturales (plantas, arcillas...) y fórmulas mágicas.

Este brujo de la prehistoria calma el dolor de este herido aplicando arcilla sobre la herida y rogando a los dioses.

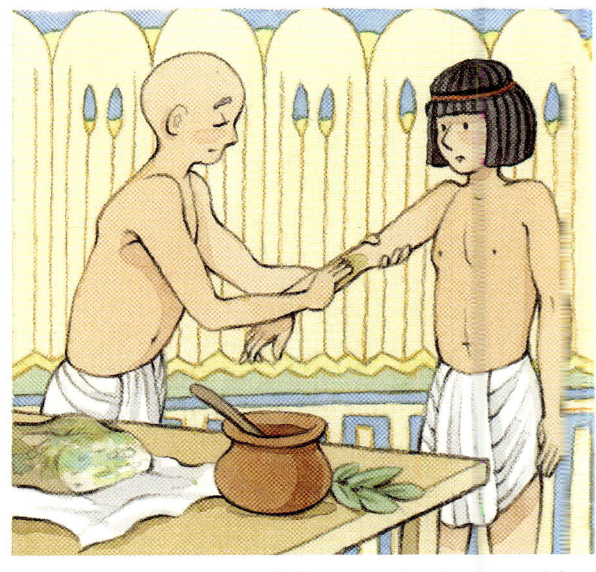

Los sacerdotes médicos egipcios ponían pan enmohecido sobre las heridas. También utilizaban plantas calmantes.

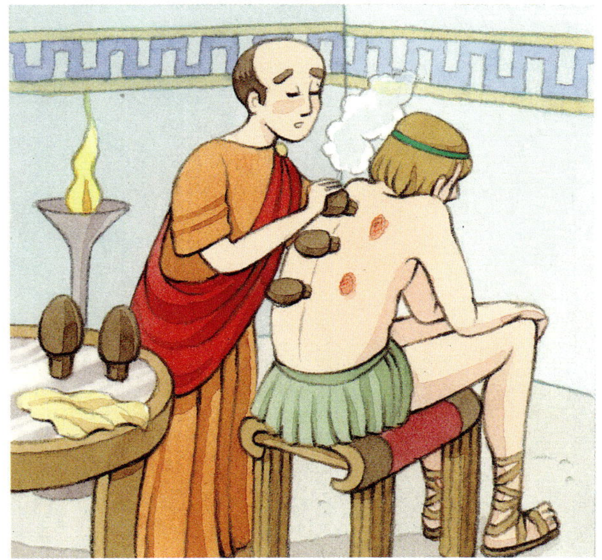

Durante siglos se ponían ventosas porque se pensaba que hacían salir el mal al hinchar la piel.

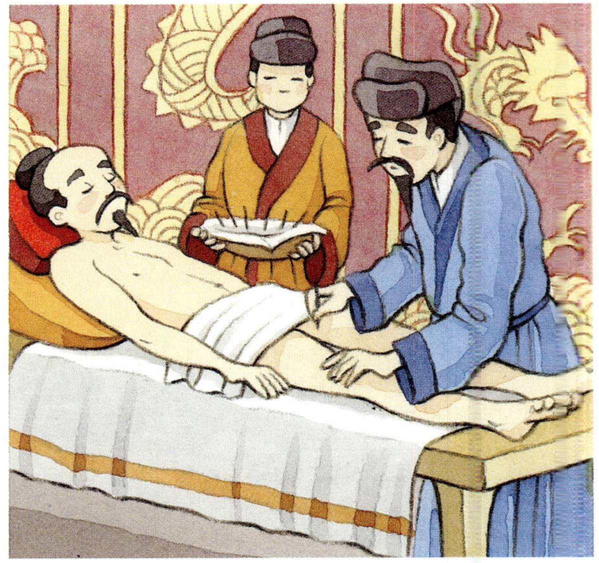

Desde hace 3.000 años, los chinos calman los sufrimientos clavando finas agujas en lugares precisos del cuerpo.

En la Edad Media, las prácticas no progresaron mucho: cuando una persona enfermaba, el médico probaba de evacuar el mal con la ayuda de ventosas, sanguijuelas y sangrías, pero todo esto debilitaba al paciente.

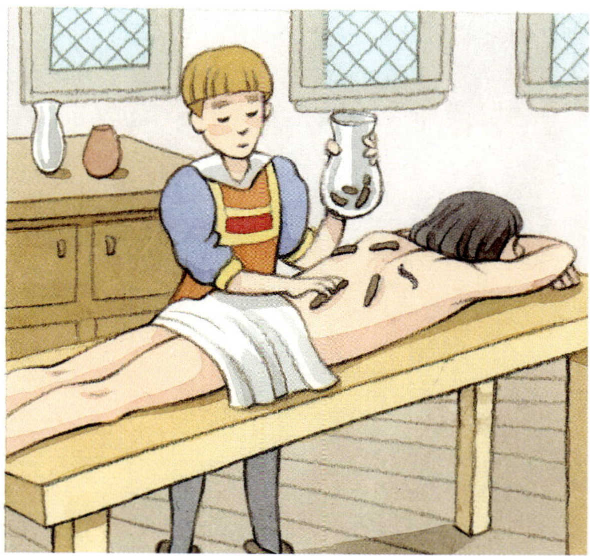

Muchos médicos realizaban grandes extracciones de sangre a sus pacientes, convencidos de que esto conseguía hacer bajar la fiebre y purificar el organismo. A veces colocaban sanguijuelas (que chupan la sangre) sobre el cuerpo del paciente.

En la Edad Media se empezó a observar el aspecto de la orina. Muchos remedios eran tisanas o jarabes a base de plantas y especias.

EL DESCUBRIMIENTO DEL CUERPO HUMANO

Hasta el Renacimiento no se conocían bien los órganos del cuerpo humano, ya que estaba prohibido practicar disecciones.

A principios del siglo XVI, el médico André Vésale estudió el cuerpo de los criminales ejecutados. Observó y describió por primera vez los órganos: el esqueleto, los músculos, los nervios, etc.

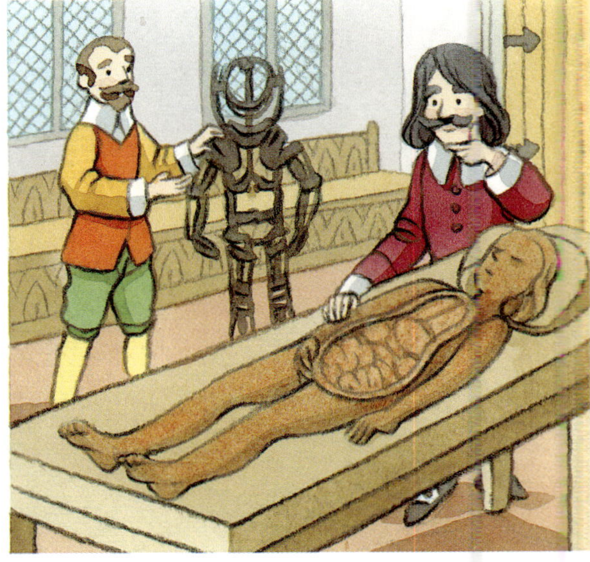

André Vésale, con la ayuda de pintores, realizó un libro enorme que reunía 300 croquis del cuerpo humano. Con maniquíes de madera y esqueletos de hierro, los médicos pudieron estudiar por fin los órganos, los huesos y las articulaciones.

LA CIRCULACIÓN SANGUÍNEA

Un poco más tarde, el médico inglés William Harvey explicó que la sangre circula sin parar de un extremo a otro del cuerpo.

William Harvey descubrió que si se presionaba sobre una vena del brazo en dos puntos, la sangre no pasaba hasta que se dejaba de presionar en alguno de los puntos. De esta manera logró demostrar que la sangre circulaba permanentemente por las venas.

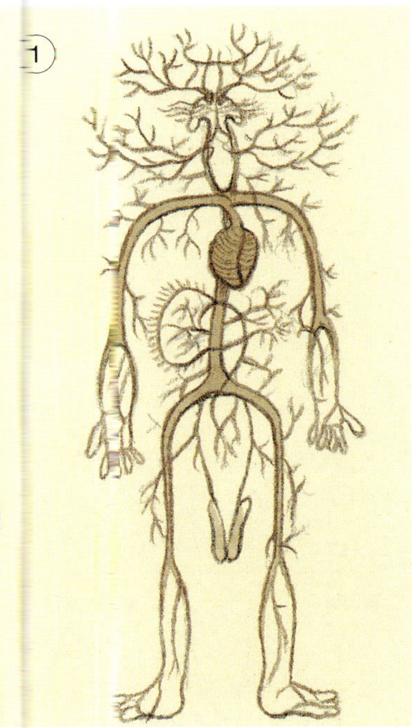

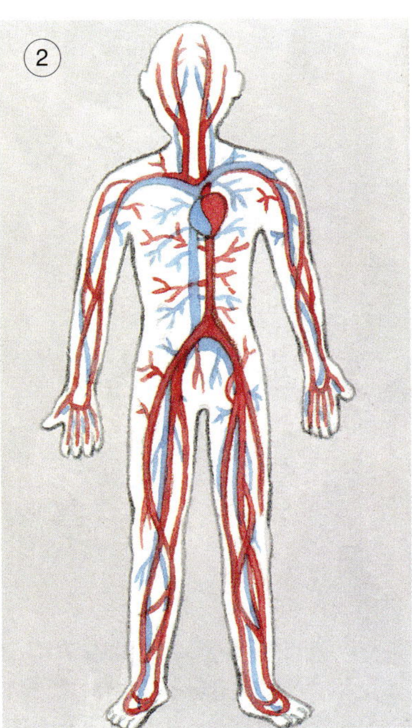

Entonces se dieron cuenta de que el corazón funciona como una bomba que envía la sangre por todo el cuerpo. La sangre transporta así el oxígeno, las vitaminas, etc.
Se realizó un primer esquema de la circulación sanguínea (1) y se fue perfeccionando hasta el que hoy conocemos (2).

DEFENDERSE CONTRA LOS VIRUS Y LAS BACTERIAS

En el siglo XIX se descubrió que muchas enfermedades están provocadas por organismos microscópicos: los virus y las bacterias.

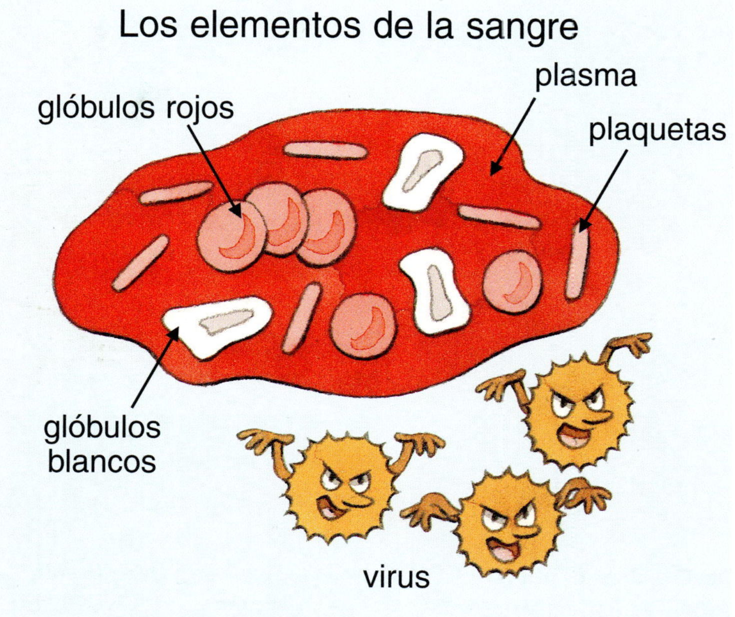

Para eliminar los virus hay que enseñar al cuerpo a defenderse contra ellos. Éste es el principio de la vacunación: se inyectan virus muy debilitados. Los glóbulos de la sangre se defienden y los matan. Más tarde, si un virus activo penetra en la sangre, los glóbulos blancos lo reconocerán y lo destruirán.

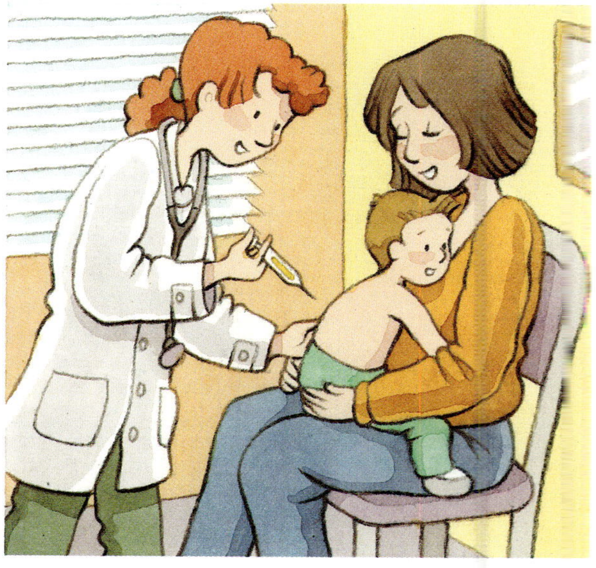

El químico francés Louis Pasteur descubrió la vacunación y tuvo éxito al probar por primera vez su vacuna contra la rabia en un chico en 1885. En la actualidad se vacuna a los niños muy pequeños contra la tuberculosis, la poliomielitis, etc.

En 1865, un cirujano inglés descubrió que había que desinfectar las heridas y los instrumentos para evitar las infecciones. Se inventó el antiséptico, que mata los microbios e impide las enfermedades.

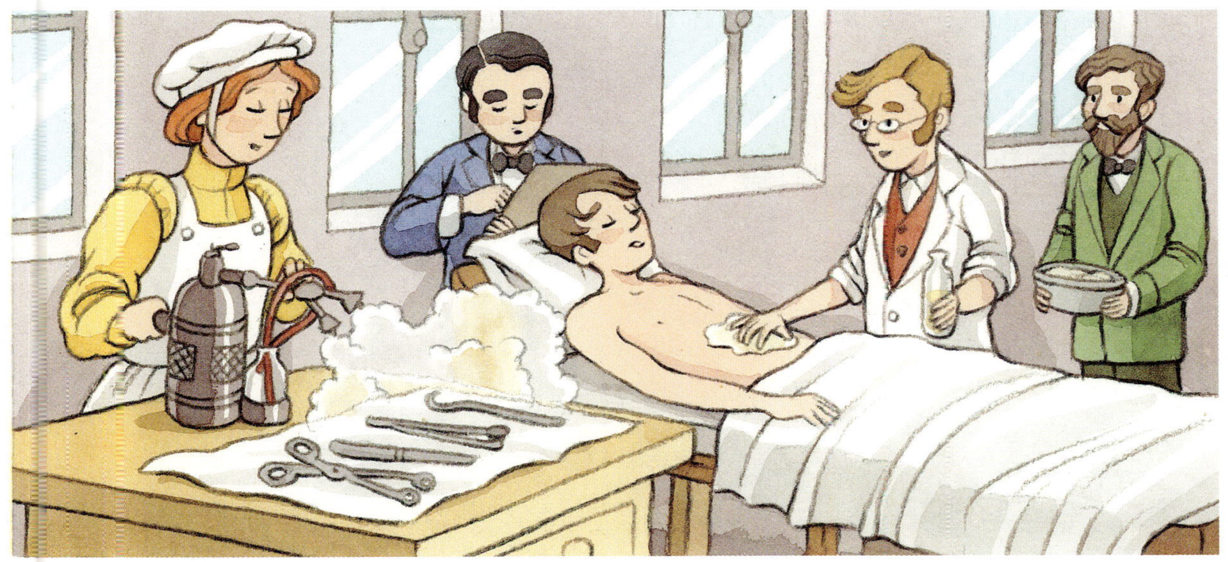

El cirujano Lister notó que muchos de sus enfermos morían a causa de infecciones. Decidió limpiar la sala de operaciones, los instrumentos y las heridas del paciente con una sustancia que mata los microbios: el fenol. Las muertes disminuyeron.

Fleming, un médico inglés, inventó la penicilina, el primer antibiótico. Este medicamento mata ciertos microbios denominados bacterias. Desde entonces, gracias a los antibióticos, se pueden curar enfermedades que antaño eran mortales.

OPERAR SIN DOLOR

Durante mucho tiempo no se sabía calmar el dolor durante las intervenciones quirúrgicas o cuando se arrancaba una muela.

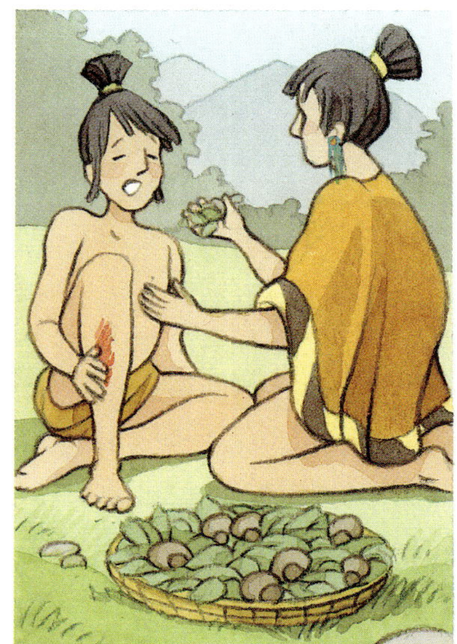

Para evitar que un paciente sufriera, los mayas le daban drogas que se extraían de las setas o de las plantas. También se podía emborrachar al enfermo o sencillamente agarrarlo firmemente... En aquella época, las operaciones causaban verdadero pavor.

En el siglo XIX, un cirujano estadounidense, Crawford Long, constató con sus amigos que si les hacía respirar éter, algunos se ponían a reír como locos y otros se dormían y no sentían el dolor. Así pues, decidió dar éter a sus pacientes mientras les operaba para que no sufrieran.

Algunos años más tarde, el doctor Simpson descubrió un nuevo anestésico: el cloroformo. Hoy en día existen varios productos para anestesiar. Un anestesista se encarga de administrarlos a los pacientes.

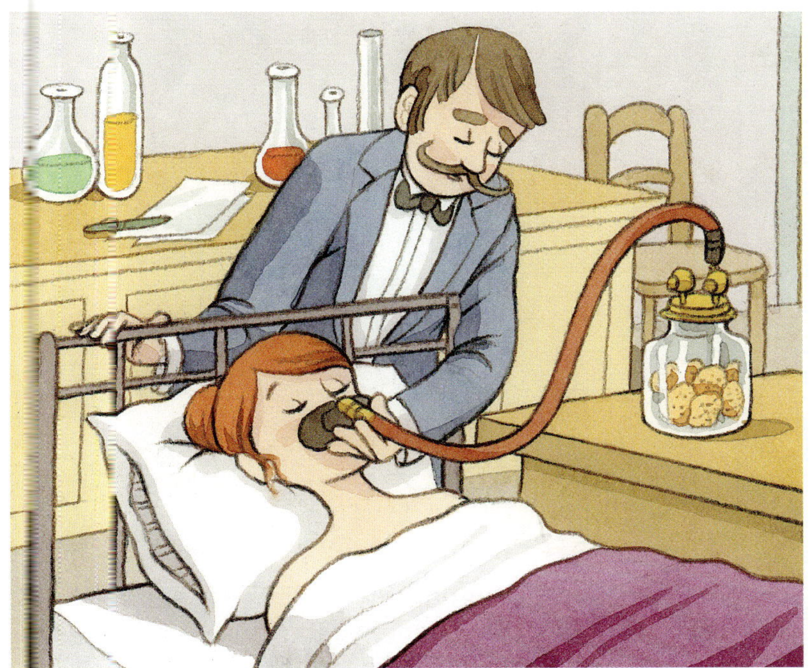

El cloroformo se utilizó durante mucho tiempo. Se colocaba un bote con esponjas embebidas de cloroformo. A través de la mascarilla, que estaba ligada al bote, el enfermo respiraba los vapores del producto y se dormía. Entonces la intervención quirúrgica podía empezar.

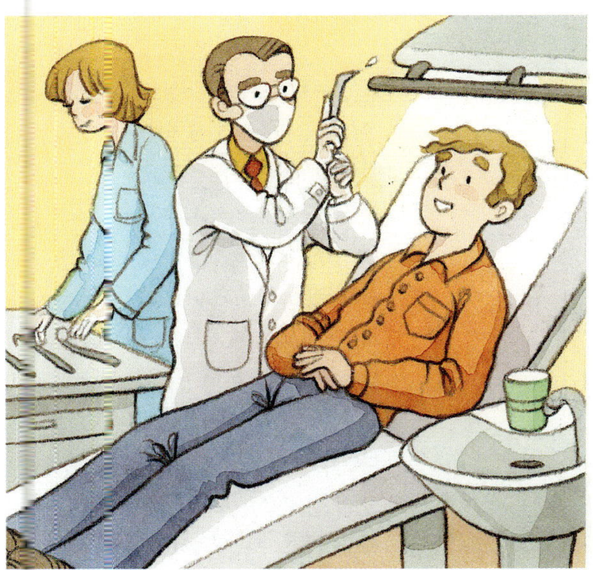

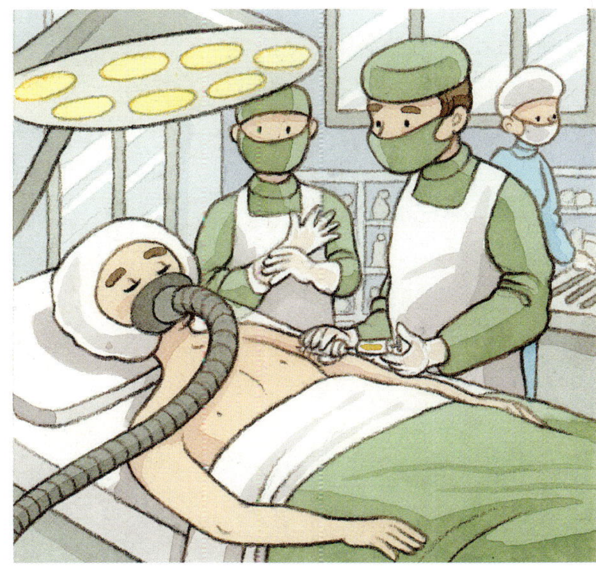

En la actualidad se puede dormir sólo una parte del cuerpo: para curar una caries, por ejemplo, el dentista sólo anestesia la encía. Para las operaciones más graves y más largas, se duerme al paciente totalmente bajo el control del médico anestesista.

REEMPLAZAR PARTES DEL CUERPO

Se inventaron las prótesis para reemplazar un brazo o una pierna perdidos en la guerra o a causa de una infección o de un accidente.

En los piratas, que a menudo tenían que ser amputados tras violentos combates, se sustituían los brazos por garfios y las piernas por trozos de madera. Un cirujano francés, Ambroise Paré, creó el brazo y la pierna artificiales articulados.

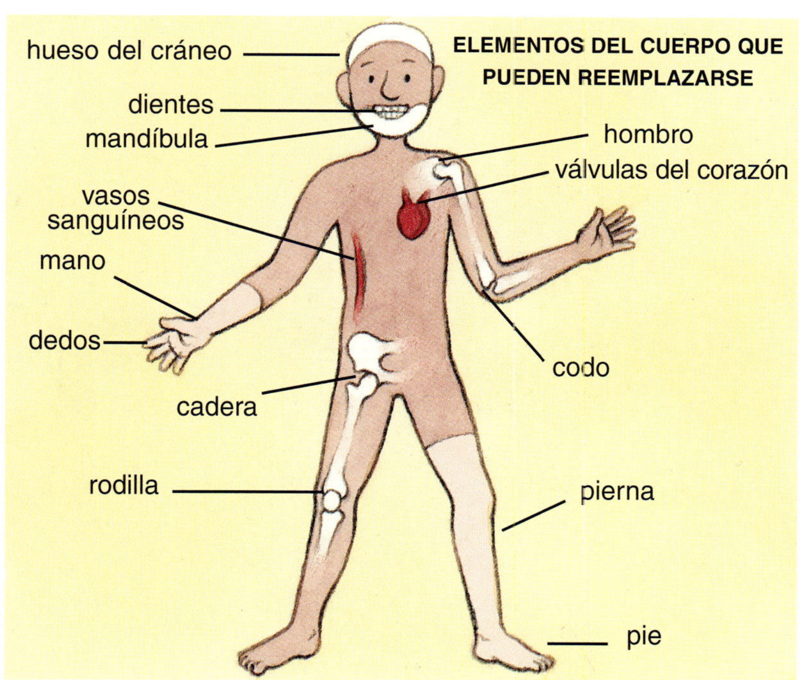

Hoy en día, los cirujanos son capaces de reemplazar muchas partes del cuerpo cuando están estropeadas o gastadas. Los investigadores han descubierto materiales (plástico, metal) que el organismo acepta y que no provocan infecciones. Así, pueden consolidar los huesos o cambiarlos, rehacer las articulaciones, etc.

EL ESTETOSCOPIO

Para escuchar mejor los latidos del corazón y la respiración del paciente, el doctor Laennec inventó el estetoscopio.

Para escuchar mejor el corazón de sus pacientes, Laennec imaginó un aparato que amplificase el sonido. Enrolló hojas de papel muy apretadas para que el sonido del corazón resonase en el tubo. Luego lo perfeccionó perforando un conducto en un cilindro de madera.

Algunos años más tarde, el checo Joseph Skoda inventó el estetoscopio actual que todos conocemos. Gracias a este instrumento, el médico es capaz de descubrir problemas en los pulmones o en el corazón.

LA RADIOGRAFÍA

Para poder ver el interior del cuerpo humano sin tener que abrirlo, un sabio alemán descubrió la radiografía en 1895.

Haciendo experimentos sobre la electricidad, Wilhem Röntgen descubrió la radiografía que permite ver a través de la piel. Con la ayuda de su mujer, efectuó la primera radiografía, que mostraba el esqueleto de su mano.

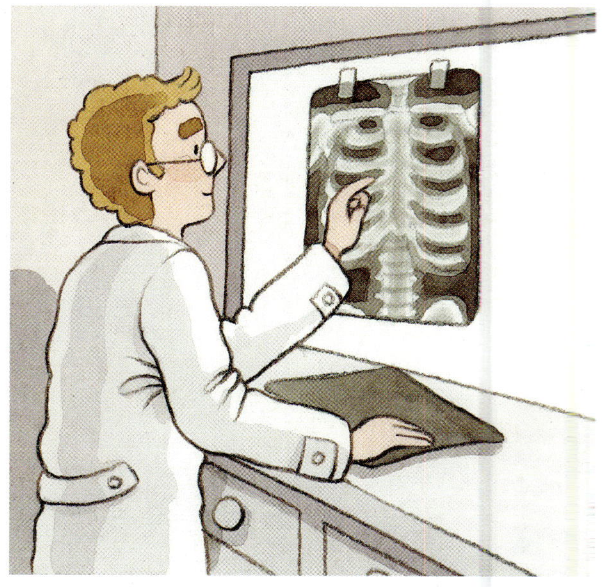

En la actualidad, para saber si un hueso está roto o fracturado, o para saber si se debe operar a un paciente, se le hace una radiografía.

ECOGRAFÍA, ESCÁNER...

Los medios para examinar el interior del cuerpo se inventaron el siglo pasado. Con los ordenadores, hoy obtenemos imágenes muy precisas.

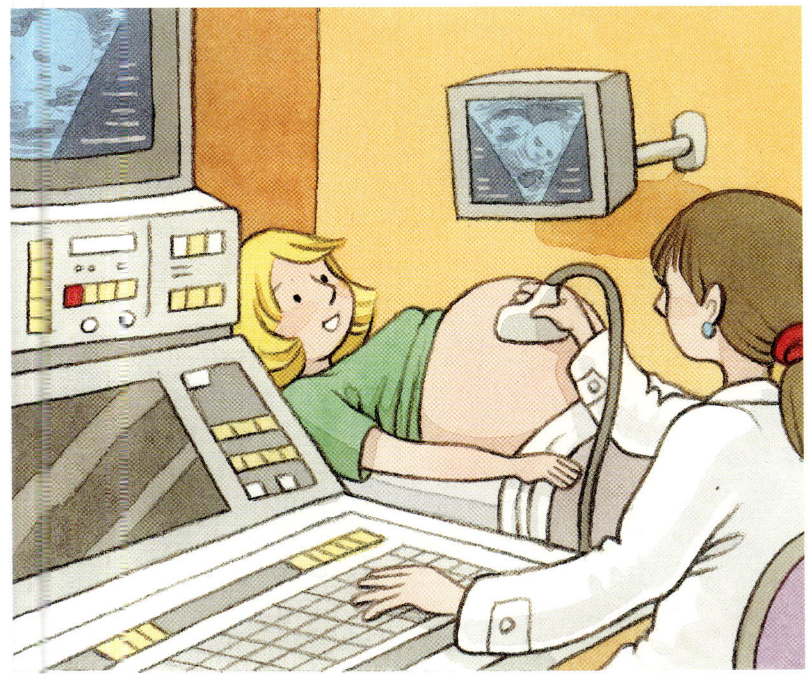

La ecografía envía ultrasonidos en el cuerpo. El ordenador los transforma en imágenes. Inventada en 1960, la ecografía se utiliza, por ejemplo, para examinar el desarrollo del bebé durante el embarazo.

Gracias al escáner, se puede ver cada parte del cuerpo por secciones, y así se pueden localizar las anomalías.

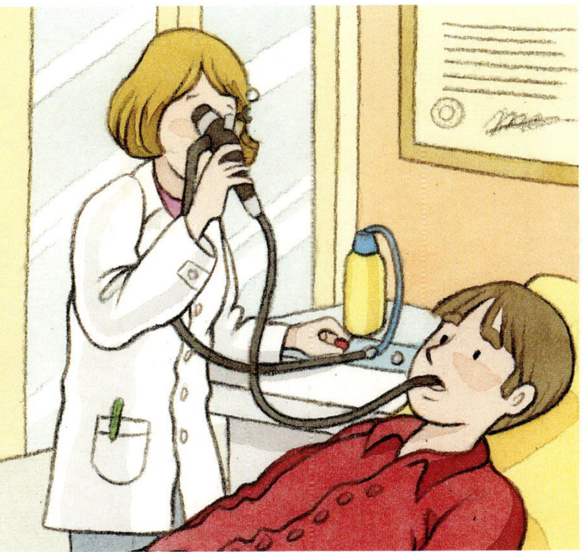

Este tubo largo, flexible y muy fino permite ver el interior de ciertos órganos como el estómago: es un endoscopio.

CURAR LOS DIENTES

Hasta el siglo XIX, los dentistas no existían realmente. En la Edad Media había que fiarse del barbero o encontrar a un curandero en la feria.

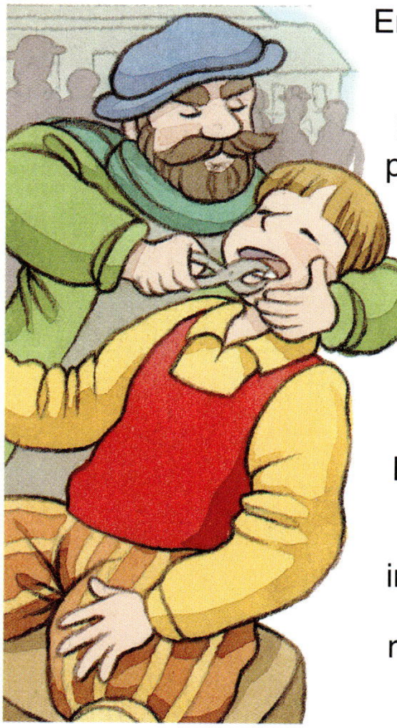

En la Edad Media, los sacamuelas operaban al aire libre con un simple par de tenazas y sin anestesia.

Hoy en día, los instrumentos del dentista han evolucionado mucho y se puede dormir la encía para que no nos duela mientras se nos cura.

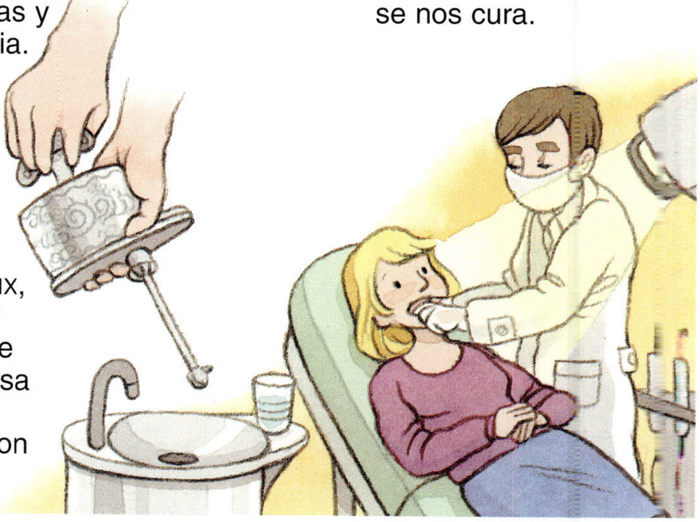

En el siglo XIX, para curar las caries se inventó la fresa que se remontaba con una llave.

Los dientes postizos de los romanos eran de marfil de elefante o de metal. Se fijaban con un enganche (puente) de oro.

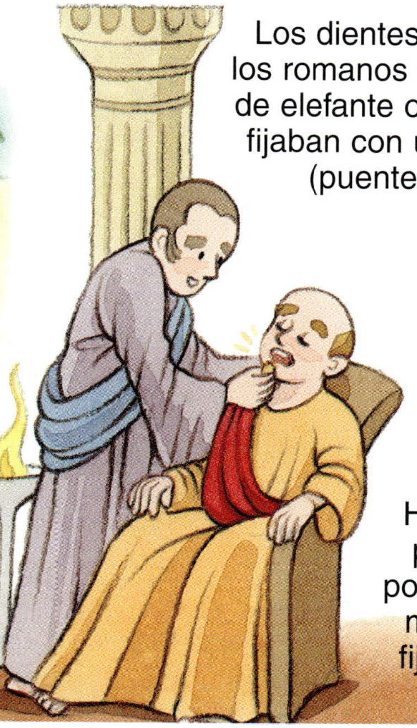

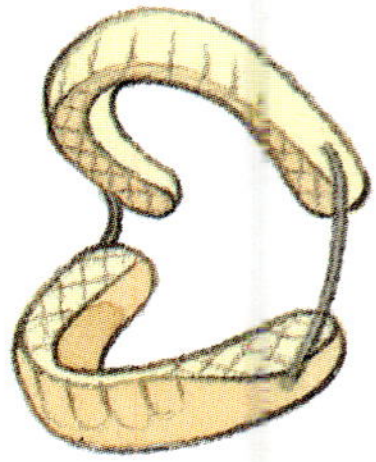

Hace 4.500 años, los egipcios reemplazaban los dientes que les faltaban con trozos de hueso de hipopótamo.

Hace 200 años de las primeras dentaduras postizas. Los dientes, de marfil o porcelana, se fijaban en un armazón de metal.

¿SERÁS UN BUEN MÉDICO?

Como acabas de ver, en medicina se hicieron grandes descubrimientos. ¿Podrías encontrar la respuesta correcta a estas preguntas?

1 - Para escuchar el corazón y los pulmones se inventó:
- el microscopio
- el estetoscopio
- el magnetoscopio

4 - Louis Pasteur descubrió la vacuna contra la rabia
Con su primera vacuna salvó a:
- un perro
- un niño
- un pez

2 - Para controlar que el bebé se desarrolla correctamente en el vientre de su mamá se inventó:
- la ecografía
- la radiografía
- la fotografía

5 - Para dormir a los pacientes antes de operarlos hay que utilizar:
- clorofila
- cloroformo
- cloro

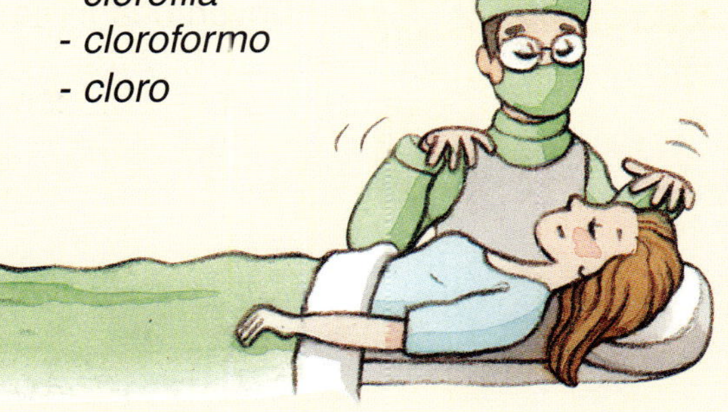

3 - Para matar ciertos microbios, el doctor Fleming inventó:
- los antídotos
- los antibióticos
- la carabina

6 - El célebre capitán Garfio era un pirata que, durante un combate, había perdido:
- un diente
- una oreja
- un brazo

Respuestas: **1** - el estetoscopio. 2 - la ecografía. 3 - los antibióticos. 4 - un niño. 5 - cloroformo. 6 - un brazo.

L A P R E H I S T O R

La fabricación del fuego

La aguja

La cerámica

El tejido

L A A N T I G Ü E D A D

L A E

El vidrio

El reloj de sol

La moneda

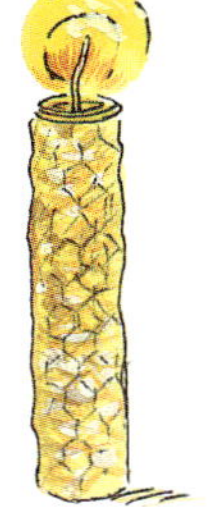
La vela

La brújula

L A É P O C A

El microscopio

El telescopio

El montgolfier

El primer coche

La vacuna

El primer avión

La radio

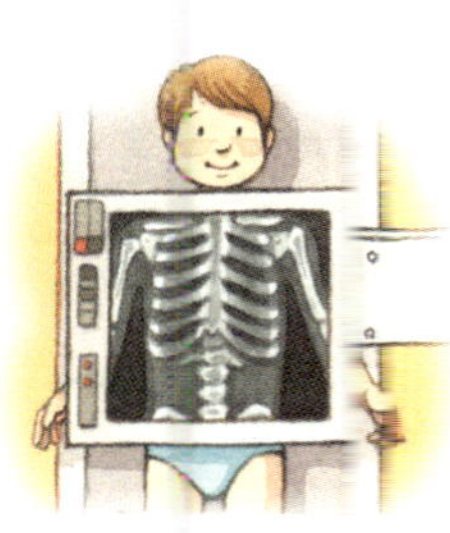
La radiografía

IA — LA ANTIGÜEDAD

El barco de vela

La rueda

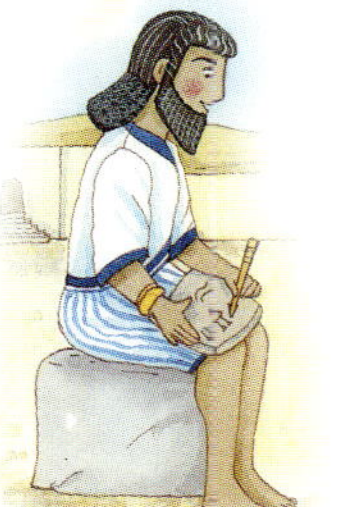
La escritura

El arado

DAD MEDIA — EL RENACIMIENTO

El torno

El reloj mecánico

Las gafas

La prensa para imprimir

MODERNA

La locomotora

La bicicleta

La lámpara eléctrica

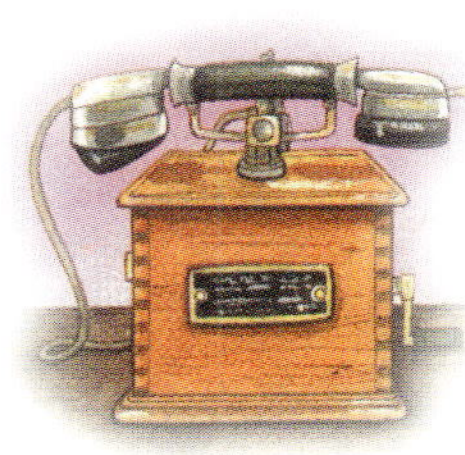
El teléfono

El cinematógrafo

La televisión

El ordenador

El satélite

A partir de 1 año

Los libros que crece

¡Descubre tu próx

Libros repletos de imágenes, fáciles de

¡Entra en el mundo de los dicciona

¡128 páginas y cubiertas acolchadas!